# 内圣外王十德路径

德学一脉之主

# 王天下

内圣外王十德路径

王爱品 著

华龄出版社
HUALING PRESS

**图书在版编目（CIP）数据**

王天下 / 王爱品著 . -- 北京 : 华龄出版社 , 2025.
2.--ISBN 978-7-5169-2963-6

Ⅰ .B2

中国版本图书馆 CIP 数据核字 2025NM9501 号

| | | | |
|---|---|---|---|
| **策划编辑** | 董巍 | **责任印制** | 李未圻 |
| **责任编辑** | 郑雍 | **装帧设计** | 郑博文　牛书磊 |

| | | | |
|---|---|---|---|
| **书　名** | 王天下 | **作　者** | 王爱品 |
| **出　版<br>发　行** | 华龄出版社 HUALING PRESS | | |
| **社　址** | 北京市东城区安定门外大街甲 57 号 | **邮　编** | 100011 |
| **发　行** | （010）58122255 | **传　真** | （010）84049572 |
| **承　印** | 运河（唐山）印务有限公司 | | |
| **版　次** | 2025 年 8 月第 1 版 | **印　次** | 2025 年 8 月第 1 次印刷 |
| **规　格** | 880mm × 1230mm | **开　本** | 1/32 |
| **印　张** | 7.5 | **字　数** | 120 千字 |
| **书　号** | ISBN978-7-5169-2963-6 | | |
| **定　价** | 88.00 元 | | |

# 序言　立德学兴道统

什么是德学？从圣化凡与凡转圣之德性本理探求如何证内圣并化外王的学说。在圣化凡与凡转圣之周易易周程式中言象法性，有德位法则贯通象之源，有九易法则周行位之元，有道体德性生化法之本。

言“圣化凡”，旨在探求万物与生命从何而来；言“凡转圣”，旨在探索精气神之归宿；研究“德性本理”，将明了为什么会有圣化凡和凡转圣这样的来去；从德性本理出发，探求如何证内圣并化外王，旨在找寻生命之意义及赋予文明之使命。

德学立宗性之旨并确道体德性本体，立九易法则和德位法则为研究本体之方法，构建“七位定程式、八体立德位、九易述法则、十德全内外”内容系统，用以描述内圣外王小大乘之实践路径，同时，将本体认识系统、法则原理系统，内容方法系统等均归入周易易周程式，从而得体性相用同体同载，且“道→法→术→用→证”法性贯通，以归德宗性得其“德性”的简易之名，既有小乘内证之利，又有大乘德教之全，从而实现小大乘并重且内圣外王并举。

确道体德性本体。何为道？“道”以其无所不包、无处不在、纳一切时空性而独立不改、周行不殆，并以其自然性并因果性主导且运转着万物。莫之能说，却又处处可说，虽处处可说，又处处说不尽妙处言不明真机；莫之能说，故“字之曰道”，借语言、文字、思维、见识，以能说和所说来强为名并述之于“道”。使“道”主导并运转万物，显所有能说与所说的就是德——大道之性，道德合相显能说之体和所说之性。道本无名相，以能说和所说之用，以“道”来命名并述之于形象，相对于名相“器”而言，“道”以能说之体和所说之性，主导“器”的能说与所说。作用道之所呈，能显各种是有是无、非有非无、即有即无、含有含无、一切自如来去彰显，不在任一处落脚，却能达任一之处的真面目的——就是德性。德者，性也；为“道”所纳、所显一切之本性；道纳德之性，德合道之体，道与德体性圆融并合相如如，常称道体德性。

万物尊道贵德，全提道德。大道体性合相生化成道大、天大、地大、王大而有道域、天域、地域、人域之道体四域以及玄德、圣德、用德、证德之德性四体；玄德作用道域显“生化”特性，圣德作用天域显“母”特性，用德作用地域显“乾坤”特性，证德作用人域显“精气神”特性。唯体性合相唯一本体。

七位定程式。所谓七位程式，乃周乾易坤周而易七程式与正坤返乾易而周七程式。周乾易坤周而易为执妄迷失圣化凡的体世界过程，讲述万物与生命来的过程与原理。正坤返乾易而周为正阳进德凡转圣的体世界过程，讲述内证精气神到哪里去的原理与如何去的过程。周乾易坤七程式与正坤返乾七程式共同呈现周易易周十二体。

八体立德位。所谓八体德位，乃先天八卦之体言说圣化凡法性生化之位，以及后天八卦之体言说凡转圣心性转化之位。言立德位，乃在法性生化或心性转化下，八体皆依时成体且贯通其位，再以体时位贯通法序而立德位。同样是言说圣化凡和凡转圣，七程式与八德位之别就在于七程式立于法性生化或自性转化之理来言过程，故以别卦呈现体世界的转换过程；八德位以法则作用之原理来主化简言象，是七程式过程中象的描述与表达，故以经卦呈现阴阳盈虚与消息动静过程中的象，且凸显八体之位。

九易述法则。圣德以法性之母主导九易法则，由“神圆方知”的方圆法则、“有无互生”的有无法则、“内藏外象”的藏相法则、“循顺置返”的顺返法则、“负阴抱阳”的阴阳法则、“终而复始”的终始法则、“消息盈虚”的动静法则、“同体同用”的体用法则、“唯生识灭”的生灭法则共同呈现九易法则。

十德全内外。依宗性之所转，出十德之本位，生化之性曰玄德，法性之母曰圣德，天地之机曰用德，贯通之理曰位德，三才之境曰识德，阳善之政曰盛德，扬升之同曰志德，精气之神曰阳德，见性之妙曰明德，实相之简曰至德。其中，以志德、明德、位德、阳德、识德共同言说如何证内圣，以玄德、圣德、用德、盛德、至德共同言说如何化外王，故十德系统构建了内圣并外王小大乘之实践路径。

周易易周程式。在圣、圣化凡周而易与在凡、凡转圣易而周共同呈现周易易周程式；其中周乾易坤周而易以“乾→姤→遯→否→观→剥→坤”贯穿执妄迷失过程，乃明德终并阴妄始的终始过程；正坤返乾易而周以“坤→复→临→泰→大壮→夬→乾”贯穿正阳进德过程，乃明德始并阴妄终的终始过程。周乾易坤周而易因执妄迷失而主无明，正坤返乾易而周因正阳进德而主大明，无明与大明是终而复始的两条主轴，亦以终而复始贯穿彼此使其如环无端以周易易周来循环。终而复始机理正是由无明与大明相互转化且贯通彼此来共同呈现的明终暗始与暗终明始的法序过程。

周易易周程式贯穿了九易法则的共同作用，因体时位不同则法则显化不同。从终始法则而言，在坤世界的在凡状态里，无明为常态，因德性光明之赋予，使其呈现向阳从正的治理特性，之所以有暗终明始的治理特性，在于知其无明从何而来以及无明生化过程，以此赋予得大光明的治理思想和正阳进德之路径。

周乾易坤执妄迷失过程以阴势渐长主暗系统，正坤返乾正阳进德过程以阳势强劲主明系统。暗系统与明系统皆被九易法则所主，阴之大时主暗系统，阳之大时主明系统。暗系统以阴之大时为主轴，阴主不正，故阴妄暗众贯穿诸卦体，以小人当道猖獗其中，以患、祸、灾、难贯穿诸卦或关联诸卦为特点，能连贯起如妄小人七难、非君子八灾而成灾祸系统；明系统以阳之大时为主轴，阳主正，故君子贯穿诸卦体，且多有大君子主其治道，君子当道而小人不能主政，阳正、大正是其主要属性，以复阳道、复正道、复正序、立正大、建德制、同德同正为特点，以养正七渐、德教十政而有养正与德政系统。

为什么要健德成为君子并教他人有德？从暗系统来说，暗众与小人履难，因失明又失志，很难自救，非君子无明无以知德，更无从健明德，在患、祸、灾、难系统里，成其妄小人独有的难体；妄小人群体陷难，其本因在于阴妄丧阳而无明且无德，阴而无明又不知健德出难，难上加难而陷难深重。处诸难体应思难因，其难果必有无明亦无德之因，习难当知因果，并知唯德能济难而自升；从诸难之炼，炼出知德、重德、健德的维心君子，从而从自然秩序中走出草昧君子，无论是维心君子还是草昧君子，唯有君子才能在难体中脱难且帮他人出难，这就是之所以要成为君子的原因。在诸难卦中，也正是因为有维心君子、草昧君子等君子居难治理才逐渐形成趋吉避凶的结果，以居卦君子的德范作用可见，非君子因福德不足而自身处灾难难以自拔，既无法于诸灾难中脱身，更难以自明寻求出难并济众的途径。

内圣并外王小大乘之实践路径。明系统中君子健明德亦进志德，通过“困→复→损→益→恒→井→巽→履→谦”的治君子九德系统健身德，以身德君子称位而区别于暗众和小人，以此肩负起制阴与治阴之任，继而立尽性了命而自性圆满之志，内证精气神而正阳进德。当明德乃健且见本性明本理，明君子当以个体内证之小乘，立行德化而全大体之志；君子进位且当位必先养正，通过“革→渐→家人→颐→大畜→升→大壮”的养正七渐系统养正气，再执抱元守一之精神，以内精神化外政，外政便是君子担当匹夫之责教化暗众之德政，君子主德政必行大乘之进，进往诸患、祸、灾、难之卦体；德政教化当以德教十政，通过“观→中孚→涣→夬→晋→离→贲→鼎→同人→大有”的德政治理，以中正养大体并全大体，使天下所有体皆能正大得光明。言大乘之德治，不能忘记内证精气神亦是治身之德政，以德为核，以全息宇宙为身，当知一切外境皆妄识变现，退藏于密转妄识行阳德善政而“天下”自化。

内圣化外王当知法性贯通之理。知其周乾易坤执妄迷失如何来的原理与过程，才能正阳进德来正坤返乾。除执妄迷失如何来的过程外，还有明了从生化源起到圣化凡的大道生化本理，尤其是人统乾道与坤道于一身的天地人三才之机，才能据精气神界域流变天人离一过程来合道，从而内证精气神正阳进德最终天人合一自性彰显并元神归位。贤人、大君子必深究其至理而治大明，只有健大明德方能发乎道体德性之本来而知大始，亦能知万物生变易演化之性，只有洞悉乾坤合功如何作成物之理，才能从大始知本末，其德政治道方不背正理、违天则，才能合乎体时位贯通的德位法则，亦才能通达本理而发乎简易。

立德学兴道统。从内圣卷与外王卷的十德体系不难看出，德学之构建乃引易为媒并述道演性来阐释德学思想，从而有七位定程式、八体立德位、九易述法则、十德全内外的德学系统，而易与道，皆是道统的组成部分和延续。今立德学兴道统，也是新道统。从何处言“新”呢？在于德学立“德性”为旨，从本体与本性言生化法则与过程，再以法性贯通探求万物与生命从哪里来以及到哪里去的原理和路径，一改离开思想史便无从谈道统之弊，同时又以易汇同儒、释、道、医等，还在原理上突破性地提炼出九易法则和德位法则，作为研究本性与本体之方法，使其对“形而上”的体性本体之描述以及性法象程式下的源流变关联不再模糊不清，从而形成既延续道统又新道统的德学新局面。

之所以引易为媒来述道演性，在于六十四卦皆言大乘治理而生治道，大乘德政治理经过一卦体的沉淀成治道，既集一卦主体之思想，又汇通上下卦体形成对各种问题的解决方法，经过体、时、位综合考量而能成称位一卦之卦德，使其卦德配位卦体而成治道。德学立德为旨，围绕德性的修证与教化，通过志明双用内证精气神而正阳进德，既养内丹转内识治个体，又行大乘德治来化外王全大体；既有小乘内证之利，又有大乘德教之全，从而小大乘并重且内圣外王并举。无论是证内圣还是化外王，皆以“德”为核而言宗性归德。践行大正之道，全正大之事业，让“天下大同”并非不可触及之理想，而是有实施方法和实践路径。

德学之事业，最终要走向简易，要使天下人皆能从简易而得正理，天下人行简，可亲贤、养贤、从贤，从贤人与君子处受教而知本理。从简的得正理之法，便是知体时位方法系统，并识德位法则和德位法则所主的德位治则。一个“位”字是诸事物的方法，一个“德”字是诸事物的本性，易之至理化简而出无外乎象法性程式下的德位也。

# 目录

## 外王卷

# 内圣卷

扬升之同曰志德

见性之妙曰明德

贯通之理曰位德

精气之神曰阳德

生灭之境曰识德

# 卷之言

## 志明双用证内圣

何为志明双用？从志德五体升志德与明德五位健明德，通过志德和明德同健且双用，既以养内丹转内识治个体来证内圣，又以同归德行大乘德治全大体来化外王，从而内圣外王并举。历经进志健身德之立身首明、升志知法序之君子当明、志正养内丹之真人洞明、志通施德政之同人大明、志同性命全之内圣同明之志明双用过程，从而实现确身君子离灾难、确明君子明法序、确真君子转内识、确政君子化无明、确自性君子同归德的治君子过程与德治愿景。

升志德在于进己志、通众志而求扬升，健明德在于见本性、明本理，志明双用而志德扬升并明德乃健，当知“乾→姤→遯→

否→观→剥→坤→复→临→泰→大壮→夬→乾”周易易周十二体的贯通之理，虽言十二体贯通，却由周乾易坤周而易七程式和正坤返乾易而周七程式共同呈现，周乾易坤周而易七程式，讲述阴妄如何来，而正坤返乾易而周七程式，探求内证路径如何去。

志明双用如何证内圣？乃内证精气神而正阳进德，依阳德畜而全之次序见性并证道。神与气精为内证“原材料”，黄庭三宫与内外丹田为内炼“炉鼎”，进阳德七程式为内丹内炼次第。在正坤返乾易而周七程式里，阳正用“坤”，明执妄之所在立内证之志，从而炼志化明；一阳来“复”，以炼液化阳来坚固阳正基础；二阳盛“临”，以炼阳温身使阳气刚强而开脉；三阳开“泰”，阳气温身，炼身阳入藏象玄关，从而气机通真精出；四阳“大壮”，以炼精化气炼藏象真精化先天元炁，从而炁阳结合；五阳神“夬”，以炼气化神使精气扬于王庭化神来决阴；六阳全“乾”，以炼神还虚转细微妄识成智；从妄识的生灭之境，证得自性彰显并元神归位，得元精元气元神三元一体之纯粹精神，最终实现精气神升华而阳德圆满，全身阳正且妄识皆被觉照，乾阳君子完成各正性命之造化而以乾化坤，证得精神圆明之大圆满境。

内证精气神亦是治身之德政。君子尽性了命，当治天下归德，从内证言天下归德，乃以“德”为核，以“天下”为身，且一切外境皆妄识变现。君子健身德进位德，治明并升志，内能正固其阳德，再以刚壮之内阳行温养阴妄之政，内外能精气交感而神气感通，故治身之德政便是温养圣胎与退藏于密转妄识的阳德善政。

在阳德系统中阳正君子健明德亦进志德，立尽性了命而自性圆满之志，再以“正阳进德”为旨，从阳正、大正、正大、同正为阳德之路径，内炼精气神，从一阳来复的身阳之基，走向全身皆阳正，再从全身阳正全妄识皆转智而唯识无妄，便是肩负起制阴与化阴之任，以阳德普施阴妄而转化，这便是阳德君子内证之德政，故而内证君子的阳德善政亦符合德位治则。

德位治则下的内证术用亦有循环转化体系，阴妄亦能转阳，阳气若不持续正固则会被阴妄吞噬。内证尚未大成的阳德君子若不养正且正固，不进远大之志，且与阴妄为伍行妄逐欲，亦会入暗而堕落，故内证君子证阳德，只有从志德五体与明德五位而志明双用，方是大器大用，方能致远。

在践行自性圆满的路径上，阳正君子以治身君子九德系统，通过“困→复→损→益→恒→井→巽→履→谦”的治君子过程来治身德，以身德君子称位区别于暗众和小人。身德君子以身德修健之终，走向养阳德之始，阳德进位且当位必先养正，通过“革→渐→家人→颐→大畜→升→大壮”的养正七渐系统养正气，所谓阳正用“坤”，当明执妄之所在而立内证之志，从而炼志化明步入正坤返乾七程式内证。阳德君子执抱元守一之精神，以内之纯阳精神化外在之政，从治身之德政结合以阳化阴的外政，进明夷体、进患、祸、灾、难之往昔之诸妄业，以德教十政温阳和转化阴妄，通过“观→中孚→涣→夬→晋→离→贲→鼎→同人→大有”的德政治理，养大体并全大体，使天下所有体皆能阳正。

和执妄迷失图一样，正坤返乾修真图更是一个宏大无比的全时空过程，内外妄识包括任何细微流注的因缘都在全时空中发生交易联系，自性君子尽性了命，当治天下归德。从内证精气神亦是治身之德政而言，一切外境皆妄识变现，自性君子内外同明，炼神还虚转细微妄识成智可打破无明而证自性大光明，故染义八识皆能去妄存真而得至德纯净识。

# 志德篇

## 扬升之同曰志德

何为志德？扬升之同曰志德；进己志通众志而志皆同。有进志健身德、升志识法序、志正识丹心、志通施德政、志同性命全之志德五体。

因交困志未光而志乱。当无明缠绕，不仅志未光，还必然陷入患、祸、灾、难而交困，使其志乱。在易体中有患、祸、灾、难系统，如屯体无序之难、蹇体险难、困体身困之难、否体不交不通之难、坎体重陷之难、大过体难得作为之难、明夷体无明之难等，临灾难若不立志健明德则常常出入无期，还因阴妄熏习而陷入灾难更深的难体。对比有明，阴、妄太过的过阴之体则为无明，无明则昏昧，昏昧则无以知德，更无从健明德，成为难以被合群、被安政、被教化、被激励的群体或个人，以习气顽固并阴强妄大显著，妄小人群体陷难在于阴妄丧阳无明且无德，阴而无明又不知健德出难，使其难上加难而陷难深重，便会堕入明夷体，明夷无明而昏暗，万物夷伤，志亦被伤而志未光，就难以通过益智而正志。在灾难深重的卦体，祸患交杂流离失所，往往还有性命之忧。

除了诸多难体以外，还有因失志和阴之不正的灾祸九体，以灾祸九体之现状见失志之患，从而坚固正志之心。君子失志且失德于祸患九体，无非是阴而不正使志不固，志不固而受阴蛊，阴惑而乱正，乱正则小过，小过则使剥落，落而剥将失德，失德则刚外来，刚外来则灾妄致恶，恶佞为祸则易身死，身死魂入幽冥则诸事未济，以此形成了不正之患、蛊惑之祸、乱正之祸、小过之祸、剥落之灾、无妄之灾、恶佞之灾、身死之灾、未济之患的祸患过程，成为灾祸九体。其姤卦与剥卦乃阴主大时执妄迷失过程之卦体，乃阴来阳消主不正，从而以“不正”贯穿在灾祸九体的其他卦体，使其成为有灾祸之因。不正起于姤风之“柔”，阴妄从乾始，阴求遇于阳，柔遇刚，以柔成主，以遇成体，至姤一阴在下有位而成，使阴有质且有位；姤之不正乃“姤之时义”赋予，为周乾易坤的暗系统所主，以执妄迷失为路线，暗系统以“执妄迷失”为旨，执妄阴便势长，迷失则失明又失志，出现乱正又伤正、小人当道、君子烂落、昏蒙暗众等不正现状，且犹以不正言害，害君子、害正序、害正道、害德文明，因无明而有妄小人诸难，又因失志而有非君子诸灾。

姤卦一阴方生有位成柔主而主不正之患，蛊卦以不正之姤风遇阴势之遯山回转行蛊而生蛊惑之祸，归妹卦以归者在妹且乱位乱正而成其乱正之祸，小过卦以内实外虚伤正害中孚而言小过之祸，剥卦以柔刚剥阳而阳消落言剥落之灾，无妄卦以灾因在妄且妄动成灾而言无妄之灾，噬嗑卦以恶佞为祸和谗邪作梗而言恶佞之灾，艮卦以身无阳气生发且阳气已然止蓄则而言身死之灾，未济卦以阴类行未济之事而言未济之患。

立志出困与益志健德。诸患、祸、灾、难皆困人，困卦犹言困象，从困象知困因，可知诸灾难之因，这也是困卦以“志相得”言“相遇”之因，乃以德之困辨得君子修身健德之志。困卦为兑金坎水，兑金生水，故兑金为生水之精，而水之精为志，故言得“志”。处困境而得修身健德之志，以此“志”济困而通，故而出困有道。出困之道在于辨析诸难之因，无论是外在因，还是内在因，乃至产生诸难体之本因，都是德“辨”之素材，以此辨而明，从而复见天地之心并通达德性之本来，再来面对诸困难，寻求解决办法，使其所辨明的困果，能成为济困与出困之道的行动指南。

从困境辨困因。困卦以柔掩刚立象，主体光明被掩蔽，君子被小人掩蔽，以致君子穷困道屈，无位亦无食，且多种困因交加，使其立身与处世艰难。由蹇险与困象可知，小人之困为多困其身，以身穷为困，而君子多困其名位，以道穷为困。在困卦，阳为阴所掩，阴被身困，阳被位困、志困，人人皆处困局，由于心智不明，才德浅薄，故无实际的解困与济困之人。在困势表象里，皆不思破局，不思济困，更无人反思其困因，寻找致困根源，似乎一切都理所当然，可见因智昏而麻木不仁。其内在因在于小人福薄，而福薄之因在于不修德，无德不立身，故而困身而无食，小人群体处困势时，常被困其身而终为其所困，终为福德浅薄。诸困之本因在于德本不明，而德本者，为大道德性，其福德、才德，皆是德性所显，外化显象；如何显象与外化呢？为因果之道所主，若有修德、健德之因，便有福德、才德之果，而困卦小人困身，可见小人不信且不谋君子之道，既不健身德，亦不为众人之福祉求谋当位而正位德。为何众人鼠目寸光，麻木不仁呢？在于既不明德之本性，又不知因果之呈现，不明本性，便无明德来识困局，更无大志振济他人之危难，无法将邦体与民众带入更好的文明状态；君子与小人处困之不同境遇，便是健德与否的写照，小人处困，身困且无食，君子处困，虽困却有酒食、金车等现于眼前的微薄福德。

辨明进志。困穷而通，德辨而明，处困当知治困之道。从处困的外在因、内在因、本因以及呈现困象的因果之道可知，其困象，只为健德与否之表象；德，方为济困、济通之本，唯德能通所有，能济所有；除此以外，其他皆为面对具体困境的解困之法，非通行且究竟之道。辨质见修者，为辨明本质而知处困本因，从因上着手，以此健德而修持，方能道行中正，大志可遂。困卦以“君子以致命遂志”言立志出困与益志健德，知其困境辨而明达德性之本因，遂立修身健德治君子而济困脱难之志，处困当辨质见修，从因上着手， 一切围绕“德”之本因修而健，历经治君子九德系统，使其有称位君子之成，再以当位、称位、配位之君子，见道并证道，帮他人脱难，亦教他人有德，从治君子脱困“小乘”之志，通达使小人有德且天下同德的“大乘”之志。所谓穷困致通，首先就是立志出困与益志健德而志通。

进志健身德确身君子。睹诸患、祸、灾、难，以辨质见修而得君子修身健德之志，再通过九卦所呈“困→复→损→益→恒→井→巽→履→谦”的治君子过程，以九德共健，使其能称位身德君子。治身君子九德过程亦是确身君子的进志之过程，即通过困卦以辨质见修之道，呈现德之辨，从困卦立志健德，进而进志起修，从诸困因上着手，以此健德而修持，使健身德之志能贯通治身德君子全过程。

复卦以复之德本言性命双复，正因困穷而通，德辨而明，方立足处困之天命，明其德性本因，继而立济困脱难之志，所谓致命遂志，便是处困而辨质见修，一切围绕“德”之本修而健，而有修身健德之复；在复卦言复，便是志复，从德性之本进志而复，见道并证道，成其性命双复修健之捷径。言性命双复，必然要行损益之道，在损卦言损之德修，在益卦言益之德裕，正是惩忿窒欲的损益之道，从修身健德言损益之道，围绕“修”与“裕”，呈现德因损而益、因修而裕的变化关系，正是从损卦德之修到益卦德之裕的过程。损者益之，益者损之，以损卦和益卦共同呈现了治君子的进志身德修习与处世行善之要义。在损益二卦从德的阴阳法则属性进损修之志，积不善则失德，嗔、怒、贪求等妄习横行，阴气加重；反之，积善厚德则能正德升阳，以蓄养精气神而固阳，以阳裕而德裕，从而改变六识因缘，使其因损而益，因修而裕。通过损益原理遏制嗔怒、止息意欲来修身，陋习退、阴疾消而阳善自出，其本有真心因无明消退而光明自现，阳善自出必固德以养，以德固恒养之道继而进志，使其阳德能正固，君子修身正固其德，当值恒卦从失恒走向求恒，再从求恒走向得恒，使其阳裕德固能恒久。无论是利恒，还是恒养，皆以达本性而大利，以达本体而大养，虽处外象之恒变，亦不会偏废其善，尤其是失恒走向求恒再得恒之过程，漫长而艰辛，需正固其志方能德固而恒久。

德能恒固，则能以德养人，值井卦，君子有井可食，且有立足之井地入世，以此进位立世，以当位之利行善政，乃从德之恒固到德之井地；德者体也，井者用也，体用一如，治君子方能制胜。以恒固修阳德，以井地修善政，使养者受阳之惠，使困者得善以济，言惠与济非限于井水之食，而是以阳善与健德之本示人，教他人有德，既为君子修持之要，亦为君子示范之本，以善之大教养天下，德健无疆而惠泽无穷，故德之地者，是立恒益而养德之所。从困体到恒体，再到井体，其修健之志开始转变，为进志入世行善政得善井之地，乃进志谋求进位之转变。从困卦状态而言，处困时，君子无位无食，而值井卦，君子有井可食，还可治“井”而惠人，言“往来井井”，使至井地者皆得“井养而不穷”之用。进志修善行善政对比内证阳德之善而言，阳德之善为内善，善政之善为外善，阳德之善与善政之善因善性相同而无大小之别，从德证而言，阳德之内善要优越于外善，虽无大小之分，但有内求与外求之别，通常不能证内善者，可以外善累积带动阳德内善之修建。

巽之德制，为养而有节制。立世进位的基础在于恒益固德与恒养阳善，其养德与养善必当有节制，所谓节制者，履法序也，初浅言之，谓入世修善应有入世之准则，君子当履共法而节制之。巽体以申命行事言节制，节阳耗散，阳以存而阳足则德裕。巽者风也，以风入教化无迹，行有为之善政来养德。在巽、履二体呈现治君子修身健德的入世养善状态。以进位节制之道呈现从德之制到德之基的变化关系，通过在井卦立井养善，使外善有井之地可立、可依，进而在巽卦养德有成而立身进位，并进入世图治之志。对比道屈志困的修健阶段来说，处巽之时，有了进位济天下之转变，此转变亦是进志之变。在巽体有基于井而进位之象，从井之地到巽之风，君子无论是养善还是图志，均以进位且当位而交于世，从进位到当位便是以巽到履之过程。在巽体虽言进位但并未得到“大人”擢拔而当位，反而因阳不足只能行微弱的温养之责，只能微光照难入之“床”地，行卑难微小之事，故只能缓图大行善政之理想，君子欲当位大行善政，由于阳德浅薄，尚不能舒已政并见政，只能听命而行旧政，行他人之政，这也决定了君子只能行卑难微小之事。究其原因在于君子阳德尚不足，非“大人”不擢拔而是尚不能当大任，叫虽进位但仍不得志，从虽进位但亦不得志而言，井养所行善尚小，故养德亦小，虽如此，巽体还尚能进位，尚有卑难微小之政可行，就应该处位当政而固德，以善小而养德大，如同以阳温阴一样不可速成，君子自当有君子之明，勿以善小而不为。巽之主体便是以阴节制阳，既是节制阳耗散的固阳之道，也是阳温阴相辅相成的善政之地。在巽体要重点理解阳入阴与阴伏阳之象，阳入阴为君子以阳道行善政之为，如同蒙卦启蒙之道，既是以阳蒙阴，又是君子合群之所，阴伏阳，便是君子养善健德之时。

节制之道大者，为履礼共序以节，以位履德而使德正固。履之德基，以进位修善而言德之基，以履言治君子健位德之基础，是君子修身健德最大的善政之地，为君子得志而图志之当体，既利于君子自强不息阳德以健，又是以当位行善政而有厚德载物之位。履卦以上天下泽之尊卑言德位，处“位”之当位则言位礼，万物皆有其序位，是礼出乎自然法象之所在，而德位正是治君子健位德以履定礼之法则，履之德基，以确位序定礼序之基石言正序之基，基于正序方能使君子践履而健德。履体通过确制之基石来确身，一制正序正是从身德之基开始，若不能节制身德便不能守位序履礼序。身德之基，在于能践履治君子九德来修身健德，找到正确的身德之“位”，践履而不逾矩，确乎礼而不沾染妄习，根于礼而不逐妄，所谓克己复礼便是如此，健德一事，贵在践履治君子之道，找到践履位序的克制之道，便得修健之精髓。履之德基，此“基”为君子当位行善政健德之基，它区别于以惩忿窒欲言修身之基。

从修身立身，到立身进位，再从进位继而当位，是君子修持入世并健德之过程，从“复”到“履”发生了志的多次变化，君子从修身立身到当位进位，完成了个体化健阳德之进化，当值履时，以“与共”的属性完成个人到与共的大转变，这种转变皆是志转变的结果，履以礼之秩序言邦体共序，君子在共序下，行君子之责，图君子之志。有此德之基，可益君子之善，定君子之志，进而图邦国大治。

从巽到履，君子从进志到得志，也从进位变成当位。履卦确“位”序定礼序，以一卦体通所有卦体，以一爻贯其他爻，履卦确位序定礼序的核心在位，思想在德，在德位法则统领下，贵在践行，故而因践履而见德治，这也是从履卦言“盛德”通谦卦言德柄之所在，正是盛德修建之成，方有治君子与君子以治的转变。谦卦以谦之德柄呈现治君子修身健德的处谦状态——以谦道为柄而驭德。谦卦立三种格局收谦义四体，以修身健德之最而有治君子之成，以谦道驭德，便是以谦卦统领其他八个卦体，使其在谦卦融会贯通，有处一谦卦而修其他八个卦体之会的局面，形成从“困→复→损→益→恒→井→巽→履→谦”的治身君子过程。

在治君子九德过程里，皆是健身德的过程，而且从复卦明了一阳来复对阳德的意义，再在损卦与益卦建立了使阳足且固阳的修健方法，又从恒卦与井卦以恒益之道养之，还在井卦发生了立身德向外德立善之转变，再经巽卦与履卦的进位节制之道，君子开始从外善之养到进位图政，最终在谦卦实现了健身德之会，从而有称位君子之成。从辨质见修可知，之所以治君子，就在于有处困的外在因、内在因、本因以及呈现困象的因果之道所左右，想要济困、济通，唯德能通所有，能济所有，而谦卦正是真君子立大志之卦，君子有德还能如山一般隐伏，谦卑，就在于有志于大同理想，所以谦卦君子的转换，支撑了君子个体与邦国大体之间的联系，更加强了教小人健德而有所作为的示范。从治君子过程可知，成就有德身君子非一个谦卦可单独支撑，它只是走在成的终端，它的“成”建立在治君子系统里任何一卦的基础上，这也是同体位域所发挥的作用，在同体上，谦卦和其他八个卦体同为一个整体，在位域上，谦卦为九卦所呈的其中一体。促使能完成治君子九德过程之关键便在于进志，从立志出困，到进志健德，再到进志进位，皆贯穿了志，且完成志德的修建，延续了志的阴阳转变过程。

身君子正志防灾祸且志行止阴妄。灾祸九体之所以致灾应祸，皆有在不正的基础上继而失志，任其不正在阴性属性中发展，背离正道；遇灾祸九体必知灾祸之因，在于阴而不正且以不正为祸致使失去拯济阴妄之志，故而治不正之先，必先正志，以正志来固志继而固正。诸体不正，皆因遇阴浸正不固而失志，失志则需固志，且只有做好固志才能更好地固正，而正志与固志之利器在乎震，君子师震，应立齐地而通天之志。以震器大用，立拯济万民之志。在对灾祸描述中，其患、祸、灾、难乃灾祸程度由轻到重，灾祸九体虽有患、祸、灾之灾难，但尚未真正涉“难”体，故而言“防”，通过正志或德治，防患、祸、灾，若不加治理恐陷入如坎卦和明夷卦之难体。如同小过卦过错尚小伤正尚轻一样，小过错和小祸若能及时纠正将从不正得正。未济卦诸事未济当进志使志行，以未济之体与震体相呼应，师震之大器大用而立奋起之志，唯立从正之志，健德从正，方可从未济致远而达既济。从震立失志之警示，到灾祸九体诸灾难之启示，正需不忘敬慎之体，进志从正且志行履正，才能真正做到以正止邪，以阳正阴。

升志知法序确明君子。升志在升卦，升体以志行立象，以阳升德长立意；君子观木生地中，长而上升之象，虽人人欲求升，但当知升之大义，为阳升德长方成升之根，植于根而升，才有大人见于明堂之照，才能举以进之，使其志达而登位；故在于慎修其德，渐进养阳，积小以高大，方能成其正邦之大志。升志与进志不同，进志在乎“位”之进而升，而升志之“升”是精神品格之升，正应君子升志且伴随精神品格之升。升卦言“用见大人”，君子升志得位，得其善政，又得其通乾坤之明；何以有“用”？为君子进位又当位的凭借之器，此“器”大器曰德、身器曰志、外器曰政，以此三者为用，见尊位大人，以得时、得位之得，使自已成非尊位之大人。大器曰德，从大畜卦蓄德治蓄果为基始，到升卦积小以高大之渐积，“德”始终是凭借天下之大器；身器曰志，君子之所以能见大人，在于进志而升志，这是君子贯穿诸事物始终的利器，志在身，君子以身进见，志成为有德之身器；君子见大人当立志作为，崇德政，尊正序，重教化是君子治明所致，必与大人志同道合，政施在身外，成善政之外器。君子见大人，大人又何以知君子？大人用明以知、用贤以治、用志而合；君子从贤处治学有成，为从贤处而来，贤治君子，有贤引荐大人便知君子。

在升卦，初六以“允升大吉”，孚诚以升，有升之根，而合志之进，如木之长，根深才能高大，初六扎根于地，得地滋养，便是得“志”的关键，此志之来源在于坤之德教养之，而升卦的坤地之德蕴含乾天之性，是大畜卦德蓄之蓄果，刚健之志充实其中，故而初六能受志且自生其志，乃有受志、生志之源。当阴柔之才，有了阳刚君子的登进之志，便是升卦位域升格之所；初六受志、生志为受坤地之德滋养，由此扎根成生长之势，同时亦蓄升势，当初六自健升阶之志而能升时，初之升，不能越阶而升，必履位阶而升，且初之升并非升位，而是升志，其志与上相合。六五“贞吉升阶”，以柔履尊而登天子之阶，为大得志之升，五二相应，柔以时升，而登于极，贞吉升阶，升而有阶序，为大遂志之进；六五以柔居尊，以阴居阳而的正固，当升之时，以登天子之阶而吉，六五升尊位乃得时而升，升至五而极，为大得志者，二五相应，贤臣辅在下，柔以时升并登于位极，之所以言“大得志”，在于刚上出柔，为精气化神之功。

志正养内丹确洞明君子。志正在大畜卦，蓄德治蓄功与蓄志通蓄神而大蓄，便是蓄刚壮阳德养内阳，内阳足则外养蓄势，内固蓄核，外蓄善政之德，内蓄龙阳之德，以得时、得位、得内外之体而蓄德有大成，既有上九得道之成，又有守道崇德安于教化，使万民被德所养之成，此为养德之功。大畜言正固全大体，均离不开正固其志的主旨，唯养志能厚积，厚积则利正固，正固则能蓄，蓄聚则通，蓄通则致久，以此成大畜的蓄之当时，故而大畜的关键在于蓄志；蓄志正是养天下并全万民之舟楫，以志为舟，以养而正固为行，以外动内止成德蓄而通乾天之性为岸。

日新其德是大畜之所以能蓄之根基，日新在于勤健，乃君子自强不息也，以守静笃而凝神聚气，行萃正之集而固阳德，所谓阳德者，乃内丹也。言志正，在于正养正之功，言洞明，乃内丹有大成，丹成而阳明；在大畜卦言养大正，终是用志，用志蓄力，继而才是进志蓄德，持之以恒，使德力强健而通，再志同而通乾性之气，以此通大明之德。刚壮内阳之志不正，则无以成洞明君子，以志治健，最终以志同得“天之衢”之大亨通，这也是大畜上九得道任逍遥之所在。上九值畜极而通之时，以“天之衢”大亨通而通乾天之性，乾天之性有大明，故而上九既明心又见性，成为得道之洞明君子。

志正在于养正而志渐升。言养正，乃以养正七渐来渐养之，尤其是志正而志行，贯穿了升志而进阶的过程。从养正七渐之过程可知，刚壮则栋梁不桡，君子则不屈，正序不移，善政不止，则教化无穷。因养正而刚壮强健，使激阳与阴妄无可乘之机，君子不屈服小人排挤与迫害，且升志进阶，立志执正道以清天下之弊。正序不移，从革新之序、渐进之序、家人伦序、养正之序、德蓄之序、升阶之序、刚壮之序，坚固其正序，使既序且正，并养一处而得全利。志正则善政不止与教化无穷，君子立志当得作为，才成其大正之体，圣贤主其精神，君子充其精气，不断扬升其精神品格，使外壮之体成大正之体。

养正七渐中的志正与志行。革卦立革新之志，以革新之道而有革正，渐卦以渐进之道而有渐正，家人卦以伦序之道而有家正，颐卦以养正之道而有颐正，大畜卦以蓄德之道而有蓄正，升卦以阶序之道而有升正，大壮卦以正大之道而有壮正；以此七正渐养，得其养而能固，固而能蓄，蓄而能刚，刚而能升，升而能壮，全以志贯穿其中，终是用志蓄德，七卦同体又各位域自专而共同用事，以卦体小体之养而得正，来全养正七渐的大体之功。在养正七渐的过程里，革新以去故取新成养正转变之基，亦是养正之始，从革处始养，在乎志养，从升志进志中言革，才能取“正”；渐养是之所以能养正之路径，不激进用事，亦符合养而得正的原理和自然规律；家人是得养且养而有序之基，亦是养之序从小走向大的关键转变；颐而能得正是养正的思想，是从颐养而通修齐治平的路径，颐而不取正、不得正又将成为祸之源；养志从革之初，到颐正而大畜，皆是贯穿养正七渐的核心，亦唯德能全其正，唯志能通达。

志通施德政确政君子。志通在鼎卦，鼎卦立君子使命、王道使命、文明使命、德位使命、道德使命，以此凝君子天命，使天下君子正位居体，发乎从正大到大同之事业。正大之事业与大同之理想，如鼎器之重不可移，器之重且大者，可举鼎，而鼎器之大者，唯通志，以君子个体之志通天下君子的大同之志。以志立鼎，用志作鼎，当进志并升志，继而志通天下君子而志同。

因志通而泰通。人与宇宙无时无刻不全息交易在一起，故而更应以交易之质和往来之实行德政治道，君子当道行德政治理的核心在于君子进志，泰卦取“茅”象，以茅之连茹以其汇立辞，便是激励君子进志且志同相连，进同人之志，志在从泰通文明全大体而扬升德政文明，使易之全体皆能摆脱否塞之弊。从交感五通系统而言，从泰治否乃君子之责，更是天道所赋予，正因天地交而万物通，此“通”首要地便是志通。

泰卦取“茅”象言志同，乾三阳志气相同，居其内且与邦体阴阳相交，其志在外；初九为同志之首，初九举志向外，则众同志皆同，如同茅茹相连，故在泰时，乾三阳志在外而同征，为其共同的志向健而征，故同征为吉。取茅为象者，有进取和擢升之义，观其拔茅，为拔其上行，泰与否取茅象之爻皆处下，故为进志而自拔，为进取之象，更具进取之志。泰之初九以阳君下，为有刚明之才，当时运为济时，君子可退而自处，处泰则自安，当气、时皆俱时，其志上进为征，君子上进之志，刚明之才皆能同气，故而皆能应志，应志者皆为同志，共同相牵相援，如茅草之根，广泛相连，若拔一根则有其他相牵连而起。拔茅者，擢拔也，君子进取，也当擢拔君子以就其位，自古君子得其志位，因其贤、明而有功于天下，一阳泰则三阳皆泰，唯君子进志可协力共成天下之泰势。治其同质汇聚的“茅茹”之志，扬其不为己身而志在天下之吉途，抑其小人变志且奉君之丑径。

以泰通之德政通德教诸政。从泰否两种文明状态的交易法则与往来秩序出发，裁节调度并施为有方，当大行德政，以能使其泰亨之有为，在卦体内德政其志、德政其容、德政其明、德政其诚、德政其愿、德政其极……以交易之质和往来之实，既安其位序，又能超越位序而治其精神，再以泰通之政通德教诸政。从泰通和志同观六十四卦体，六十四卦之治理，卦卦言大乘，爻爻通全体，观易之全体，实乃以“道→法→术→用”之王道系统而行王化德政。

志同性命全确自性君子。志同在同人卦，同人于野，遍应众阳，以光明所照“能通天下之志”，继而无所不照，天下人皆志同；从“同人于野”的野之所起，历经由野济否→由野进德→由野进亨→由野进明→照之四野→德被四野→同人于野而无所不同之过程，正是天下人志皆通而同的结果，众志皆同，天下众人秉德而自照，照之四野为德被四野，德被四野则无所不同。

同人卦取“野”象。野者，旷野与在野；旷野者远，在野者边。“野”之所起非当位者，而是以野言边远之位的在野，众在野君子志在济邦体否塞不通而起于野，野之所起者为由野济否。在野为何会有君子？值大过之难，称位君子或卑以居下，或远遁阳外，以远遁避祸自保，远遁于野，为大过遁野；值坎体重险之难，通过居坎、习坎、通坎、师坎继而用坎，经过三坎三炼方出维心君子，而维心君子乃流落山川丘陵而遭受坎炼之人，以自身苦难尝尽行险终致大明，亦陷难而在野，为维心于野；在贲体，聚王道之德政成山于外，集内德刚壮而成阳火于内，以山下有火照见山上草木百物，使其外物能披被其离火光彩而显外物之质，贲卦无大明照于天，而有内明照于外，以质通文使见草木品汇，内文明照于山野，谓文明照野。从大过遁野、维心于野、文明照野的三种不同方式，诠释“野”有君子，且皆是通明而又称位君子。同人卦与大有卦皆取“野”象，大有言野而不表，虽不言野却含在四野皆服天下同归之象里，其“野”之所起为由野济否，否者，不交不通且小人当道以阴逐阳，治世君子既无位又不得天时，故而皆隐遁于野，这也是为何在“野”有君子出的原因。当否之久矣，必有否极泰来之时与天地、阴阳转换之机，当天机与天时具备，君子当自明，故而有君子进天下君子志同之志；众君子志通，则刚健阳气不断被输布，在同人之初，当志同之泰通，再以阳涵阴，养其阴者不明，继而“能通天下之志”，由进德转为进亨，当天地、邦体上下、内外皆亨通，君子济邦之志升华为火德照同人。

同人卦言志同。治卦体的诸文明之君子，志在大同，必进志而通志。同人于野在于志同，志，起于治君子，全于救济诸患、祸、灾、难，再从正大走向大正，以此形成君子之志阶。伴随蓄德养正而进志并升志，使志固且能升华，方在同人卦以志通志而大同。同人志同，以正大事业之同升华到德文明精神之同。众志同，则由野进德，德合，故无有不应，更无有不助，为由野进亨。从“同人于野”的野之所起到四野所归归而尽有，这是从同人到大有的过程。大有者，无所不归而无所不有。大有虽未言“野”，却以天下尽归而含野。从在“野”转为当位，而在野之“野”也因照而明，使各在野的域体与共成一体。同人之卦成，成其天下有火并与天同与共照四野，照之四野为德政普施而德被四野，所以“同人于野”出于野，而落于野，乃志通且同于野。

自性君子尽性了命，且治天下归德。言天下归德，乃以“德”为核，依君子健身德进位德，治明并升志，内能正固其德，外能行德政教化，内外能精气交感而以神感通，又能执养正之功蓄养内外，以正固之利使阳刚壮盛且德裕盛大而得大正之道，再以治道之小乘行全大体之大乘，并执正大之精神，以德固治其内和德制治于外而内外合德，成就其身德同有、德序统有和德文明丰有的“天下大同”文明状态。自性君子内圣同明，教天下人化无明且转识成智，出现盛大丰有而无所不有的“大同”化境。

# 明德篇

## 见性之妙曰明德

何为明德？见性之妙曰明德；见本性明本理而道体德性同明。基于志德五体，立志在前，志行贯穿其中，明德以健在后，而有离灾难之立身首明、明法序之君子当明、转内识之真人洞明、化无明之同人大明、同归德之内圣同明之明德五位。

天地万物尊道体德性得常运转之至理乃德性本理，德性本理由象法性程式承载之，有德位法则贯通象之源，有九易法则周行位之元，有道体德性生化法之本，故从明德言见性之妙必通过象法性程式见德性本来，而明德便是明心见性而证道之大器，立足个人健明德的小乘之利，还有行德治以明治暗全正大而求大同之大乘，君子立身德且健明德来致明，用“明”行德治之功而厚万德，方显与共之大明德。

所谓系君子，乃诸君子担当身天下之任，而君子的首要之质便是具明德。围绕明德的修证与教化，赋予君子之使命，再以君子之质地行德化，赋予德文明之使命，君子是贯穿建序与全大体之德政的重要枢纽，无君子之担当和作为，便无以建正序，更无以践行德文明丰有而大同之愿景。正是通过健身德之正位、明德之正位、志德之正位、交感之正位、养正之正位等治君子过程，方能赋予随君子升格而有德政扬升之实质，使君子成为谱写治道文明之利器。何为君子？君子者，以通本性之明而履法序之要，求治于精神，并健德于内外；既健全人格之意义，又扬升文明之使命；既健德以立身，又进位以为政，同履序以合道，能教他人有德，使天下同德。君子赋予人的使命与意义，而德位恰是君子进“位”行德教之政而赋予“位”的使命与意义。君子取法天道行健与地道载物，以强健之体，行厚德之本分。六十四卦每卦皆有德君子，因卦爻的时位与体皆之不同，故而赋予了诸多不同的君子含义以及时位所在的君子使命。

居难君子治难体推启示。值屯难，屯体草昧君子健明德而振济屯难，初始秩序从“明”出发，无不依明德而从“明”德始育，再立“经纶天下”以及“正邦”之志去达大同之体。值蹇难，蹇难君子知反身修德；所谓反身在于自求，处蹇体当反思蹇难和身困之难，而自求脱难之道。值大过之难，正固君子当明避祸，大过之难是过君子群体以虚而浮夸的非君子行为所造成君子文明之大难，大过体栋桡之盛时，应审时度势避祸自保，同时以扎实而实在之修持为过君子群体立下健德、养正之典范。值坎险之难，维心君子当尽诚，维心君子以中孚维心居坎习坎，经过三习三炼找到生克制化之理，睹坎象，见重险之难，明处坎法则，得居坎之道。值否闭之难，拔茅君子应拔志，以“茅”言志而诸志皆牵连相引，言牵连主要是与大秩序之关联，其中任何一个单一元素，皆会与其他发生联系，并相互影响与转化，既联系本质，又影响表象状态。值明夷之难，明夷君子志向明，唯正志才能得其贞正，方能固志而不忘大正之初心，明夷正精神，正是此谓，唯有精神不息，方能通明，以明进志，继而治暗于明，以莅众之道，治众之难，济众之明夷，方是从大正到正大而全大体之举。值涣难，庙礼君子正涣风，涣体以宗庙之道治涣，立重器以正魂魄、聚人心、摄众志而达到凝精神且治精神之目的，尤其是从涣因起治，止“风”则止涣，使小诚通大德、大诚范大邦的正邦礼器成王道德化之大器，以此正风化。

立身首明确身君子而离灾难。睹诸身困之险难，当知治困而脱难之道，处诸难之责，既知安身立命之责，又知反以修身之要，从处困的外在因、内在因、本因以及呈现困象的因果之道可知，其诸困象，只为未健德之表象；德，方为济困、济通之本，唯德能通所有，能济所有，这就是为什么要成为身君子的原因。在诸难卦中，也正是因为有维心君子、草昧君子等君子居难治理才逐渐形成趋吉避凶的结果，以居卦君子的德范作用可见，非君子因福德不足而自身处灾难难以自拔，既无法于诸灾难中脱身，更难以自明寻求出难并济众的途径。

治身君子九德。为九卦所的治君子过程，即从“困→复→损→益→恒→井→巽→履→谦”的治君子九德系统。通过困卦以辨质见修之道，呈现德之辨；复卦以性命双修之道，呈现德之本；损卦以损修固阳之道，呈现德之修；益卦以益阳裕德之道，呈现德之裕；恒卦以德固恒养之道，呈现德之固；井卦以善地井养之道，呈现德之地；巽卦以进位节制之道，呈现德之制；履卦以履位制礼之道，呈现德之基；谦卦以谦谦君子之道，呈现德之柄。以九德共健，使其能称位身德君子。君子法天效地，体天地大生、广生之德，自育、自明，继而健君子使命、王道使命、文明使命、德位使命、道德使命而自强不息，开国承家。身君子当知明德之重，当知明德贯穿了所有“德”与德位之始终。

从治君子九德过程可知，成就有德身君子非谦卦或九卦中任一之卦单独支撑，故而建立九德系统来言身君子的治理。身君子支撑了君子个体与邦国大体之间的联系，更加强了教小人健德的示范。正因唯德能通所有、能济所有，健德成为治君子之范式，这是发乎德性之“元”而利永贞之首要之事。身君子是通往其他君子之基石，只有以身德称位，方能在卦爻中担卦责，出现如中位君子、尊位君子等能治世的大作为君子。健明德过程就贯穿了志德的扬升与转换，只有不断地升志再志通，方能不断地健明德，才能以自健小乘之利，行使小人有德且天下同德的大乘之愿。

确明君子而明法序。升志在升卦，升志之“升”是精神品格之升，身君子升志，当以君子九明治明德成识法序之明君子；君子九明，乃以豫卦统领遯卦、临卦、睽卦、丰卦、旅卦、节卦、兑卦、豫卦、既济卦，形成身君子健明德的君子九明系统。所谓君子九明，乃遯君子行避让，临君子明知临，睽君子明睽同，丰君子明中丰，旅君子明止丽，节君子明节制，兑君子明讲习，豫君子明顺动，济君子明豫防，以“致明来通君子九明”为旨，所谓致明，必先立身德且健明德方能致明，致明后用“明”治卦体有功，方显与共之大明德，尤其是行传道讲习而教他人有明，方是明德彰显之所在。

遯君子明避祸。遯卦君子避其阴势行退避之让，且以迁避之明得存阳护德之功；在遯卦，君子行迁避，小人行逃遁，以两义并存而成其“遯”义；避祸有明，行藏有志，乃遯体君子之明。遯卦祸从阴起，以阴之势长，君子因阴、妄之浸，而有失志之虞，卦体陷溺与君子失志，皆是遯卦应防之祸变。君子避祸有明、行藏有志正是居遯之要，君子有明知阴祸，又行避护行藏之法，值阴势藏阳必知阳之贵重。

临君子明知临。临卦阳临阴必临蛊惑之祸事，但以知临之明复正道而阳舒阴疾；在临卦，以知临之大明，成临民布德政之典范，使临之阴类得阳正启蒙而渐明阳之利，及时舍阴从阳，以正道匡直阴妄，践行知临之明而育明德。临之明，皆在乎阳长且阳刚壮而盛，阳盛自然德裕，而此德裕仅在临卦初与二爻，二以中正当位，再以德政全临体，则为以小乘全大成，当德政惠民众，则有“说而顺”的治临之功。

睽君子明睽同。睽卦二女同居且以乖张之性情乱其和合，以睽同之明治睽违而相合；无论是睽违、睽乖还是睽外，皆以离、异成睽，值睽体，内外用同，乃睽同之大明。天地之大，必存睽违之体，总有相睽之时以及成睽之体；男女以正位而立家人之道，男女位正则皆能治家，当男女位睽时，必以志通而谋外事，以志之同来同其性情之异。治睽体，要取体中之同以及异中求同，使其和合来制其违离，以家人伦序之道正其内，使其能克性情之欲而正志，以正志来正睽违，乃治睽取同之明。

丰君子明中丰。丰卦“动以明”能致丰，但对丰而无实以及尚大假丰要行中丰之明止其危丰；卦中有日中见斗与日中见沬之暗，只能先立法治，再健全法制，用法制清幽隐，行法制明照丰大天下。值丰卦行致丰之道必然要有中丰之明。中丰者，行中正之道实其丰使丰而有实，为中肯其致丰之道，乃正丰；行不能正确致丰而致虚丰且托大之“丰”，则要止丰，中止其不能丰大之政，以及不切实际之虚丰。丰卦以雷电皆致立象，乃行致丰之道却立警示之象，警示丰而无实以及尚大假丰。

旅君子明止丽。旅卦有柔暗者羁旅与刚明者正旅之两力存卦体，以止丽之明使其诚明合功而正旅；在旅卦，柔暗小人畏惧森严法制之“火”，只能行羁旅而避其灾，刚明者崇德主明且健全法制治旅体，以诚明合用之功正旅，行崇德贞正之道。止丽之明，应取诚明合功之明，艮出诚于内，离主丽明于外，诚于内继刚明再行健并健德有实，使其德足明壮，发乎外再主明，使其明上加明而有丽明文明。

节君子明节制。节卦以水泽之体若不节则生祸患，节其妄动，制其过常，苦节其陷，以节制之明立德而节又以制行节；最好的节制，乃以“制”节，用优良的制度行节制之道，以制遍众人，让天下民众皆能行节制；以制度行节，乃是不伤财不害民，且使民富与民有智的节制之道，从而发生从制度他节进步到有明而自节，通过德之健能内息其欲，外止其妄，再从治君子系统健身德，从明德系统健明德。

兑君子明讲习。兑卦以讲习之明行讲习之道，集各卦启蒙、德政、教化为一体，通过讲习的方式，启民智于发蒙之际而健明德。所谓实现大同理想，达到德被四野无所不照，德服天下无所不服的德治盛景，正是从君子行讲习之道教化民众开始的，唯有把启蒙与教化“见”于实处，才有天下大同的实施和实践路径。兑卦以讲习之明，行使治明的启蒙功能，正志功能以及养正功能，使兑卦以讲习之道贯穿所有卦体，上接天地圣道，下应万民之情，可谓既贯通天地，又遍应民情，能见善行于微小，还见德长于毫末，从而生丽泽和悦之大象。

豫君子明顺动。豫卦以顺动之明行顺天应人之动，建礼乐德治之师治豫，使其动而和顺且万民悦服；豫之顺动乃法天地、顺人心之顺动，师法天地之顺动而治豫之动，乃豫动之明。处豫体当再明顺制而动，制者，坤众之共序也，唯顺制才能存理；顺制而动，再尊位健德，方是豫卦君子与民众处豫之道，亦是豫体之所以有安和悦乐之所在，处豫明豫乐与和豫之源，再明共理之存，便能得其顺动之明。

济君子明豫防。在既济卦，以豫防之明，居安思危慎终如始，以一卦得济来济通所有卦体，且以正位正序之能使德政皆能和济；既济卦以正位而正其他卦体来显诸仁，以水火得用而八卦齐用来藏诸用。居水火互制互用而安其位的既济之体，更应居安思危行豫防之明。言豫防之明而非行“预”防，便是预防皆小事，而豫防则是立豫体而治大世，既济卦的豫防之明便是从大处着眼，放眼易之全体而行居安思危慎终如始之防。

明君子明法序。明法序在于明阶序之道，在升卦，时、位皆有阶，升而有序，正是升卦文明的写照，亦是德文明非常重要的一环，而时位之阶序正是德位法则的呈现，尤其是“柔以时升”义下得时与得位，升卦集萃正之时，颐正之时，大畜之时三者，以气、神合德，成其升得其时；再刚上出柔而得位，使其能治其精神升域而大得志。从升卦言知法序，便是以精神升域、君子升志、德政升序之升法，将阶序之道呈现的淋漓尽致，且最终形成以阶序之升道，教化君子知德、识德，继而顺德，以积小以高大之训，促德文明升其品格。除了明升卦之阶序，必然要明自然法序和德位法则，遵其“方圆、有无、藏相、顺返、阴阳、终始、动静、体用、生灭”九易法则，以四易体证作用在圣、圣化凡、在凡、凡转圣之周易易周的完整过程，乃自然法序；体时位贯穿的卦爻法则为德位法则。

从君子九明通体系大明。在建序系统，要预防草昧君子被无序之混乱埋没，贯穿秩序七渐而最终建成制度与秩序核心的便是君子，从屯卦的草昧君子到比卦建制的君主，皆离不开君子的核心作用，也正因如此才有豫卦顺承先王美制而德治天下生豫乐大象。在身德系统，要防止不能持治君子修健之路而一以贯之，最忌半途而废不能以身德立身，无身德立身便无从立身进位走向更大的治理卦体。在志德系统，君子和民众最易被灾祸陷身而失志，以灾祸九体言志德便是要在灾祸中立志且正志，这样方能在任一灾祸卦体脱灾免难。在明德系统，预防君子失明，君子失明则卦体失治，明德系统通常贯穿了卦体治道，失明将不能依法序顺正理，亦将失去一切根基。在交感系统里，预防随物应情之感被欲、妄左右，被欲左右便不能得感通之道而交通往来，不能以洁静精微之感感于心。在养正系统里，养正需渐进而养，当预防不能革新而渐养，无论是蓄德、升阶还是走向正大之壮大，急功近利都将失养。在德教系统，当预防有德政而不能建德制和德序，唯德制载天下所有德政，某一卦体的德政之功若不能升级建德制，则终将失功又失治。

真人洞明确真君子而转内识。志正养内丹之真人洞明，便是确洞明真人，即所谓的真君子。蓄德治蓄功与蓄志通蓄神而大蓄，以得时、得位、得内外之体而蓄德有大成，日新其德是大畜之所以能畜之根基，日新在于勤健，乃君子自强不息也，以守静笃而凝神聚气，行萃正之集而固阳德，所谓阳德者，乃内丹也。在大畜卦，围绕“德”之正固而健，以大养而蓄聚，而蓄聚之核心便是以守静笃而凝神聚气，行萃正之集而固阳德；“能止健”为上下两体皆日新其德，以德蓄而成体，正因上下两体皆行德蓄大义，且刚健笃实，故而大正；止，并非停止，并非以艮势止住乾之健，而是以“止”言静止，蓄之道同颐之道，在乎静、在乎诚、在乎定，且蓄德之事，蓄善之政永无止境，止乃蓄止而聚之义，以艮止之静，使阳气正固而德固，正是言乎蓄义；健者，乾性刚健而生发，以乾性之刚，使正固且蓄聚之德能成其蓄势，此两者正是内丹正固精气神而大成之要。

大畜上九得道且得大畜御气之法，以及乾性施生万物之用。上九值畜极而通之时，以得“天之衢”之大亨通而通乾天之性，乾天之性有大明，故而上九既明心又见性，成为得大道之真君子。上九居大畜之极，德蓄甚壮致畜极而通，阳神出焉，豁达无碍任逍遥；之所以有阳神出窍，在于驭龙德阳气笃实，有乾阳之基，乾的龙阳之气驰骋如马，上九御气有术，以阳温养二阴之妄，阳气亢健之时，以阴御之，再次蓄其德力，固其龙气，待精气全通，以御气有功而蓄功大成，得龙德真阳神于上，阳神出外通乎天衢，与天同其光，与地合其尘，与圣合其道，通神明之德，应万物之情，得逍遥自在。九三良马驰逐，止极而渐通，上九畜极而通，养成而施用；九三与上九以同志之同，应以志进，进而合，以志同道合而致大亨通，三以刚健之才与上合志而进，其进如良马之驰逐，其健有速，亦为蓄势有速，同志之合乃亨通之合，可以去阴除滞而畅快通达，上九值畜极而通之时，以得“天之衢”之大亨通而通乾天之性，精于御气之术而又能守道安于教化，成为得大道之真君子。上九以通得德性大正以及运转精神之能，贤德广居，一身能任天下，成圣而治天下并教天下，致使天下君子齐亲往听圣之教诲，值上九得道并依大畜之法治天下时，以无妄养正之诚、启蓄德固守之规而大教天下。

真君子转内识全凭养正之功。养正七渐之神妙在于内刚外化，以内在刚强之精神，化在外，以养正治道，使外体品格升域而平衡内外，实则以内养外，以内治外，以内教外，从唯识而言任何外在正是内识之显化，以内在刚强外化便是转内识，大壮内在精神化外在之政，正是君子的理想志愿。从真人洞明而言，养正七渐之功，终是君子知颐时、通颐德、进颐养万民之志，以养人为公施善政在外而养大体，以德养于内而全大体，以此得颐正之功。外养善政而蓄势，内固蓄核，再以得时、得位、得内外之体而蓄志，成其养志之功。凭颐正之功和养志之功，由大畜成大壮，中间又贯穿于升，之所以有升，在于有萃而聚，聚而序，序而泰，泰而治，治而养，养而正，正而蓄，蓄而通，通而升，升而有养德之笃实，故能成其升，全凭内在刚强外化转内识。

同人大明确政君子而化无明。志通在鼎卦，鼎体凝君子天命，使天下君子正位居体，发乎从正大到大同之事业，诸政君子从全大体言治理，便是通过构秩序、系君子、养大正后，能实现用德教诸政化明夷的大乘之志。当刚壮在内，且内壮之精气神抱元守一正固其时，刚壮强且盛，当以大壮内在刚强之精神化在外，使外体品格升域而平衡内外，实则以内养外，以内治外，以内教外。在化德系统里，明夷君子自升卦与大壮卦而来，纵然明夷体虽有难，但仍以“正”为体，以“进”为用，通过治君子之成，无论是健身德，还是养内德，皆奠定了君子执大正而全正大之质，治明夷之难以及诸卦体的患、祸、灾、难，乃德君子之理想，故而德教十政君子皆为践行大乘之愿的德君子，正因德君子正大之进，终显内阳化外政的治理之功。化德系统有观卦的中正君子、中孚卦的孚诚君子、涣卦的宗庙君子、夬卦的德决君子、晋卦的光明君子、离卦的德照君子、贲卦的文明君子、鼎卦的使命君子、同人卦的志通君子、大有卦的德服君子之显著，以王化德政、孚信德政、宗庙制礼德政、夬制德政、光明德政、德照德政、德文明德政、使命德政、志通德政、德服德政而见德化之大德。德教十政，集序德系统、身德系统、明德系统、志德系统、感德系统、养德系统、化德系统诸卦德政治道为一体，立“德”为核，以德固治其内和德制治于外而内外合德，以德教之大成而立德治化无明。

明志通而泰通原理。当志通必思泰通而内外皆通，明泰通原理当立足交感五通系统，即解卦的破郁交气之通，随卦随物应情之通，咸卦感而遂通之通，萃卦萃气正序之通，泰卦交泰往来之通。在解卦，以破郁交气之道，使生息休养与正序复生；在随卦，以随物应情之道，而唯变所适并唯善所系；在咸卦，以感而遂通之道，能感物通物并虚我从心；在萃卦，以聚气凝神之道，行正固之利和萃正之教；在泰卦，以交泰往来之道，行德政内外之治道。其交通五通，“交感”是气机从否塞行而交、交而通、通而感、感而同、同而聚、聚而序、序而泰、泰而往来之过程，“通”是卦体治道之结果，经过解卦、随卦、咸卦、萃卦、泰卦治否之不交不通的过程，则必然有通而泰的结果。通泰则能往来，泰卦与否卦皆从天地、上下、内外、君子与小人四重位域有超越邦体的大秩序往来状态，只是否卦否塞不通，无法与大秩序建立天人合一全息元象“动态”交易联系。值泰卦，以茅的牵连相引之象，意在言明并强调大秩序整体相系牵连的关系，人类社会与文明时刻处在更大的秩序系统内，而且无时无刻不全息交易在一起，天地交而万物通，这是基于道法根本的“动态”交易，这个“动态”便是人与宇宙的天人合一全息元象交易，体现在天地同律、人天同构、人天同类、人天同象、人天同数，宇宙与生命的相互收受、通应，共同遵循“四象五行”的对待协调、生克制化之法则。所谓道生之、德蓄之，大道以其道生德蓄而体性一如，发生全息交易，道生德蓄便是天地、万物、人与自然发生交易产生法序的根本。

往来之道需要具备的四种德质，为天地交通而万物生化之时运，内阳而外阴之精气状态，内健而外顺之性德，君子进志得位小人消退之政治环境。内阳决定了其核心原动力光明无比，刚、明之质地，阳者健，故阳气充沛且发散往外，阳气源源不断被输布，故而邦体气血充足。外阴之体得精气给养而能顺，且阴性为收敛且节制的，故外在消耗小于内在供应，其邦体之“神”因精气充沛而得以保存，不至于神气耗散，“神”足则处之泰然，这也是为何从泰之始便能安泰的原因，神足且气精充沛，精气神不断扬升，是三阳开泰之吉亨之所在。内君子外小人的德政是泰卦之所以通泰在治理上的原因，君子自身有刚、明之德，又健而居内，履位得体而有位德，正因履位得体居其内，在为政治理上，又以多种德政要素倡其德政，使其小人群体皆能接受君子教化。从泰否两种文明状态的交易法则与往来秩序出发，裁节调度并施为有方，大行德政，以交易之质和往来之实，既安其位序，又能超越位序而治其精神。

政君子化无明。执抱元守一之精神，以萃正、颐正、蓄德以及纯粹精神的养正之功，使德刚体壮而通君子正，凡能得正之事，皆能以养外德、健善政、化德教贯通于执天道行王道之政中，来通天下大正。从大正走向正大，便是从一卦之体，走入卦体之全，以“大”而应所有，把中正之道，放“大”于全万民之体中，并建“中正”成序，再以一卦之序贯通所有正序，从而建成适用于大体的正序。天下大正，健正大有序，在于进善政，化德教于外，此“进”与“化”便是执德政而普施教化的治理过程；进而被无明所伤，非进之过，而是失根致无明以及大阴体太过。值明夷体，必然有圣贤、大君子、君子等群体行正大之进；进，从大正走向正大，便是执天道行王道，行全大体而大同的理想；进往明夷体，是舍身取大义之行，是“我不入地狱，谁入地狱”的大悲之行，以舍阳壮之身投入阴妄之体，以纯粹精神且抱元守一的内光明，刚而化外，照外以大明，乃救苦救难、慈悲喜舍是也。昏蒙草昧与刚强众生一直陷入明夷之难中而不觉，且以明夷为安，不仅不知大光明是何物，求之何用，更对正大之善政与教化嗤之以鼻，不屑一顾，远不如嗜欲逐利欢快。在进必有所伤且教而难行的明夷当体，圣贤与大君子必以大无畏的精神勇往前行。正大之进，从进之始而言，进而升，内刚化外柔，贵在转化，转化之首要便是教他人成为君子，使君子群体壮大，让每一个养德有成的君子都有济天下苍生脱明夷之志。

内圣同明确自性君子而同归德。乾、坤二卦总纲秩序本原和道法本序，以乾坤二卦言君子与德教之道，有从坤到乾修而健治君子以及从乾到坤治而教行德化之程式。从坤到乾，以修而健治君子；从乾治坤，以治而教行德化。以君子担当匹夫之责，立君子健德并执德政之典范去教化邦民，达君子全大体而大同之愿。君子与德教程式图，秉道体德性之本，围绕“德”的修证与教化，赋予君子之使命，再以君子之质地行德化，赋予德文明之使命，无不都在践行内自性君子谋求同归德而全大同之愿景。

观教君子治王化。在观卦，二阳居尊，犹以九五居中履正主卦，以上观天道，中观法序，下观民情，成其观体；在卦体，九五敬天地之道，敬道法伦序，敬先王宗庙，再以御天下之位政，从位见德，使坤众顺。何为大观？从观天道、观四时法序、观宗庙、观天下民状、观政、观教化……而言大，正是根于“道→法→术→用”之王道系统之观。观之上九，同乾之用九、坤之用六一样，志在得道，只有证悟得道君子，方能入无为境观其性。从大小乘属性而言，身德君子乃至内证君子，皆是小乘，而大乘便是观卦九五大施善政，以大观天下之范式德化天下，观卦以“观民设教”而治“天下服”正是如此。观卦九五如何观民呢？以八方巡视体察民情，先治其洞明，对民状了如指掌后，再施政治其民所求，正因以八方巡视来观民，才治之以明，观民的目的在于设教。风入教化者，圣人以德为凭，行无为之事，立不言之教，以有为之善政，行无为之教化，正是治天下服之时。

晋离君子化光明。大壮之进、夬制刚进、升晋之进完成了升而“进”在外的诸体过程，而能实现诸体之进者，唯德也；“德”以乾坤合德之用，成其内阳内蓄，外善外积，再以内阳化外德，外德入内阳之过程，德核驱动而至晋体。晋卦之明德，从个体之小明，转换成大体照小体之大明，从精气化神到神主气精而全德之过程，亦完成纯粹精神之转化，使任一小体皆能独曜精神而内通大明。德进成晋，形成了以德为核的三次升华，第一次升华为精气化神之升华，亦为升其品格，华其精神；第二次升华为神主气精之升华，亦为升其境界，华其光明；第三次升华为精气神三全，亦为德驱内外，升其神通，华其万用。明照乃德照，明文以外，德质于内，见离明必是德明；离体以柔顺为主，以内外合德而全离明之精神，方能使离明久照。离者，丽也，因大明而丽；又以离明之照，生德文明之丽，丽明以能照之根本而照，故照而久，且终以生化之性，生养之德，成天下丽明之正道。

贲君子化德文明。贲卦聚王道德政成山于外以及集内德刚壮阳火于内成其卦体。贲卦集晋制离序之功，使外政能自养并正固内阳，而有德政文明；贲卦言德聚，德之聚在于蓄德养正之功，因蓄德养正且刚壮其内而有养正文明；贲卦行萃集成山之聚，因精气通泰，而有交感文明；晋之照，离之明，皆言德化，以内阳化外政且外善养外政之德化，而有德化文明；文明之成，在于有君子，君子升志与当位执德政来贯穿所有治道，而有君子文明。诸文明有成，全在德之功，皆以“德”为核，守正固之利，得大正之道，成其正大之志，君子健身德进位德，治明并升志，内能正固其德，外能行德政教化，内外能精气交感而以神感通，终以德固治其内，德制治于外而内外合德，汇通成德文明。

大同君子化德服。同人以志通同人而致通天下，形成天下众人及所有无所不同之德同。大有以“众”立意，乃德同之有，众有德则天下德盛丰有。从身德同有和德序统有而渐成德文明丰有，诸文明有成，全在德序之功。言诸文明者，乃德政文明、养正文明、交感文明、德化文明、君子文明、同人文明等治道文明，德文明丰有，乃集诸文明而大有，同时又以德序统有来载诸文明，形成盛大丰有之同有。从大正之道执天道行王道而全大体皆正，并以德序统有而天下归德，以德文明之治道，治天下同服。所谓天下归德，乃以“德”为核，依君子健身德进位德，治明并升志，内能正固其德，外能行德政教化，内外能精气交感而以神感通，又能执养正之功蓄养内外，以正固之利使阳刚壮盛且德裕盛大而得大正之道，再以治道之小乘行全大体之大乘，并执正大之精神，以德固治其内和德制治于外而内外合德，成就德文明丰有状态。天下归德而生德服，因回归德性至理，以自性共服而无不服。

# 位德篇

## 贯通之理曰位德

何为位德？贯通之理曰位德；依位见时体，而有体时位贯通德位法则。有周而易之执妄迷失七程式与易而周之正阳进德七程式，共同呈现周易易周十二体。其中执妄迷失的“乾→姤→遯→否→观→剥→坤”周乾易坤过程，为周乾易坤周而易七程式；正阳进德的“坤→复→临→泰→大壮→夬→乾”正坤返乾过程，为正坤返乾易而周七程式；两者共同呈现周易易周十二体程式，简称周易易周程式或十二体。七程式或十二体皆依时成体且贯通其位，再以体时位贯通时序而有位德。

言体时位，乃分析卦与卦、卦爻、爻与爻而常用的体、时、位三者之方法，以此构成析易的体时位方法系统。体，有本体、总体、大体、小体、个体之汇，虽因“体”的取用不同而呈现位域对待不同，但在同体位域里，诸体皆汇，故皆言体。时，有大时、小时、卦时、变时、具时之分，“时”变则动静变，再以盈虚消息贯穿其位。位，有序位、体位、卦位、爻位之别。体不同、时不同，则位必然不同，无论是卦中言位，还是卦与卦交易，以及爻与爻变易，皆依位而言。

易之大时，乃法序之时，如阴阳盈虚变化过程中所呈现的“时”状态，便是大时。从周乾易坤的“乾→姤→遯→否→观→剥→坤”执妄迷失过程可知，阴妄从乾体生，离乾体而一阴成姤，随阴势浸长至坤体，整个执妄迷失过程以时成轴，呈阴长而阳消之大时。反之，正坤返乾“坤→复→临→泰→大壮→夬→乾”正阳进德过程呈阳长阴消之大时。此大时被阴阳法则所主，以独立不改其常度的不易特性呈现时位变化，每一个“时”的变易皆联系着不同的位，从而呈现不同的体。

易之小时，乃大时法序之中的小时，小时通常便是卦体之时，在周乾易坤以及正坤返乾过程，每一个卦体阶段皆是小时贯穿之体，正因大时被小时串联，才形成了体时位的交易变化；在周乾易坤过程中，小时被大时赋予，阴妄自是而长，一阴在下而成姤体，后随阴妄渐长，阴浸阳而阴盛大，被大时赋予而渐生遯、否、观、剥之体，直到纯阴之坤体，其姤、遯、否、观、剥便是周乾易坤大时中的小时，小时成体而生姤卦、遯卦、否卦、观卦、剥卦之卦体。反之，正坤返乾正阳进德过程亦此原理。小时之卦体以“体”成大时之位，所谓六位时成，大时之成，必被小时以卦体之“位”贯穿，从而六位集时又集体，以时位体系统而有大时之同体，大时一体承载小时之体位，且再以自身周行来合道体之位。

在周乾易坤和正坤返乾过程中，随阴阳盈虚而有十二消息卦（十二体），阳去阴来为“消”，乃阳消，阴去阳来称“息”，为阴息；十二消息卦（十二体）亦称十二辟卦，“辟”者所主也，乃以卦体主卦时之义；十二消息卦（十二体）配十二个月，每一卦主一月之时，复卦一阳动息而主子，对应十一月之时，临卦二阳生息而主丑，对应十二月之时，泰卦三阳开息而主寅，对应正月之时，大壮卦四阳壮息而主卯，对应二月之时，夬卦五阳决息而主辰，对应三月之时，乾卦六阳全息而主巳，对应四月之时，姤卦一阴遇消而主午，对应五月之时，遯卦二阴浸消而主未，对应六月之时，否卦三阴来消而主申，对应七月之时，观卦四阴大消而主酉，对应八月之时，剥卦五阴尽消而主戌，对应九月之时，坤卦六阴全消而主亥，对应十月之时。十二消息卦（十二体）被阴阳法则所主，精气贯大时，卦体贯小时，卦时主盈虚，变化呈动静，演绎出时令更替和变化，独立不改又周行不殆循环往复。

大时赋予小时而有小时贯大时之盈虚动静，此乃卦体小时的变易之道，因变易才能贯通，小时动而不居成大时，取一能贯其他，动一而动全身。大时乃小时之体，小时有大时之位，又体时位同体承载灵活变动而得神。

体时位贯穿四易体证呈现错综复杂系统。错综复杂乃由体时位贯穿两卦或多卦之间变易、交易关系，主一卦到另一卦的错卦、综卦、复卦、杂卦变化关系，以体卦与错卦、综卦、复卦、杂卦交易相互而成错综复杂系统。错综复杂系统是不易、变易、交易在卦上的直接呈现，在错综复杂的变易中看体时位，会发现体时位灵活多变，不拘泥于固定形式，以错综复杂所定关联，正是基于变易相连又交易相互的周易、不易、变易、交易之四易系统。从“易”而言，乃周遍之易，是“易”一种内容和形式；从“周”而言，乃以周易总枢易理，以周易总持不易、变易、简易、交易等一切易之特性。万变言易，不易的正是万变所朝之“宗”——自然法则，自然法则以不易之特性，使万物尊法则而变易，所谓因生而易与依易而化的生化原理的背后，正是法则所主，自然法则为变易提供变之理和易之度。自然法则之所以不易，在于独立不改之特性，正因独立不改，方能主万变而不离其宗，虽言不易，却又在周易易周程式里，以“方圆、有无、终始、阴阳、动静、体用、藏相、顺返、生灭”九易法则主导任何宏观和微观之变化。八卦取象以“乾健、坤顺、震动、巽入、坎陷、离丽、艮止、兑说”为原则，对宇宙万象从八卦属性上进行系统的类比和取象，经取象比类化繁为简，归入八卦之类，既归类万物，又行简易之法。以当位、称位、配位来解析体时位所成之卦体，可依“位”而见时体，又能见四易体证之过程。

十二体贯通之理。在周易易周程式中，周乾易坤周而易与正坤返乾易而周，皆被阴阳法则所主，以消息盈虚之大时贯穿成体而呈现明暗系统。周乾易坤的执妄迷失过程，以阴势渐长主暗系统；正坤返乾的正阳进德过程，以阳势强劲主明系统。明系统与暗系统相连续，便有“乾→姤→遯→否→观→剥→坤→复→临→泰→大壮→夬→乾”过程，从乾始生再周乾而终，历经十二位，共称十二体。十二体以相摩动静贯通之，其贯通之理正是根于阴阳变化下动静法则。所谓相摩动静，乃消息盈虚之动静，基于阴阳盈虚动态而呈现的动静相。相摩动静乃阴阳法序在消息转换中以刚柔变化而动静分明，呈现相摩的动静状态，周乾易坤过程由阴主大时，正坤返乾过程由阳主大时，随阴阳消长之消息而有刚柔之动静。

在阴主大时的周乾易坤“乾→姤→遯→否→观→剥→坤”执

妄迷失过程中，阴来阳消，以阴势遇、浸、塞、观、剥、战而强盛消阳，“消”的动态便是相摩动静之呈现，其遇、浸、塞、观、剥、战便是阴来阳消之动静。在明主大时的正坤返乾“坤→复→临→泰→大壮→夬→乾”正阳进德过程中，阳来阴息，以阳势动、浸、通、壮、决、健而刚壮息阴，“息”的动态便是相摩动静之呈现，其动、浸、通、壮、决、健是阳来阴息之动静。在消息盈虚的动静转化中，以小时贯穿大时，从“浸”之动静，成其气数曲线宏观之动静，并以变易动静、交易动静贯穿周而易与易而周之过程，又统一在周易动静中。在阴主大时的阴来阳消过程与阳主大时的阳来阴息过程中，皆以“浸”立消息义，亦是相摩动静之义。言浸，在于以“浸”之渗透言转化之进，乃阴来阳消与之阳来阴息的微观状态，以浸言势长而“进”，因浸之进动而有相摩动静义。在以浸相摩的过程中，阴阳主大时，势长者并浸他者为体，被浸者用，以此体用立动静状态，立于势长之体而以浸言用，以消息之成，成相摩的动静状态，浸之进成动静相。阴主大时与阳主大时皆以浸之进立动静，随势长强弱与程度不一，在不同的卦体呈现了如遇、浸、塞、剥、观、战的动静状态，此乃卦体小时之动静，大时动静以浸成之，贯穿在任一小时动静之中。

姤卦的相摩动静为“遇”。一阴方生，阴求遇于阳，柔遇刚以柔成主，以遇成体，一阴在下有位而成姤。姤体阴有质且质成位，乃被“姤之时义”赋予，以时而成。之所以姤阴有质且阴质有位，在于执妄而迷且被妄所牵，故贯穿从乾体到姤体的动静相便为执而牵，其执而牵之动静被时所赋予，成其了遇而浸之动静相。遇而浸是阴有质且质成位的关键，执而牵使阴有质，阴有质必遇阳而使阳消。姤体阴从乾始，以执妄迷失为路线，至坤体全阴而终，以此言天地相遇，乃从姤远见于坤，此乃阴所主之大时。

遯卦的相摩动静为“浸”。遯卦以“浸而长也”言阴浸长于下，姤阴渐长而盛，言浸之，乃以阴盛浸阳，使二之中位失位，失中德，失德政之地，从姤进遯，皆阴浸而长，使其阴势在遯体成山，成其天下有山之遯体，故而以“遯”成卦义，君子行迁避，小人行逃遁，皆互畏其势。遯卦言“浸”，乃阴有质且有势后，执阴质与阴势来浸而进长；浸而进使其阴阳相摩而有动静，浸而长使其阴盛阳消而阴长，故“浸而长”为遯卦之动静相。

否卦的相摩动静为“塞”。否卦以天地不交而万物不通言窒塞，以塞之渐成呈现否卦不交不通的动静状态，否卦之当体无法与天地、上下、内外、君子四重位域的大秩序产生交通，产生不交不通之否难，故大往小来成否卦之动静相。否卦以内柔外刚而大往小来，大往者，阳健居外，天气上升；小来者，阴柔居内，地气下沉，此为外阳而内阴的否之质，天地交易移精变气因塞而失常态动静，塞为渐塞，其常态动静转为否塞动静，为神气耗散与小人道长之动静。

观卦的相摩动静为“观”。观卦以“中正以观天下”言观体之动静，乃观阴妄之生，观卦为四阴势长之观，四阴已然成势，正道被小人害且阴中生恶，值四阴成观之现状，不得不行观道治之，以中正观天下行德政教化，以德化之力使不正能正，使阴能从阳。故观卦以大观和王化为动静相，大观行俯仰之察，王化行“道→法→术→用”之王道系统德化天下。

剥卦的相摩动静为“剥”。剥卦以“剥”言动静，犹呈现消息盈虚之相摩动静。剥卦五阴在下，一阳在上而将尽，阴盛长而阳消落，浸阳且剥阳，阳被剥且烂落在地而成剥体。剥卦因阴剥阳而剥正道，剥君子之位。剥体陷入剥落之灾，君子烂落在剥体，民见剥落之灾，灾如火临宅，突如其来又灾难深重，故而又剥民。

坤卦的相摩动静为“战”。坤卦以阴“战”阳使阳绝而卦体全阴，以“龙战于野”言坤体动静为战。坤之上九阴盛之极而以阴从阳，然盛极则抗而争，龙战郊外，血色黑黄，两败俱伤；坤体六爻皆阴，乾阳消退光明道穷，局限的色尘世界形成，坤世界被“柔道”无明所主，一切皆视色尘无明为真，在妄想里执着无明而轮回，进入纯静无知、凡夫躁动的坤世界。坤体之“战”乃柔道所主的无明与阳正所主的光明之战，在周乾易坤过程中，以阴胜阳，无明胜光明而终结动静，但同时又发出至阴向阳复之终始起点，使正坤返乾起始于此，有阳复之动静，且又循环在正坤返乾“坤→复→临→泰→大壮→夬→乾”正阳进德过程中。

复卦的相摩动静为“动”。复卦以“刚反，动而以顺行”言动静，尤其是以“刚反”出震言阳复之动而有一阳来复之大象，复体以刚反出震而言阳复，无震之动出，则阳无实无质，复卦阳出之消息，乃积善蓄而出震，有积阳且阳刚之过程。复体之阳，始于坤体外善，在坤体见善升阳，以此蓄阳在复卦有阳之刚质，从坤至复，阳之蓄动，有从外入内的阳之动静。一阳来复之刚动，始于见善，成于固阳，阳固刚反则震，以内震之发动成阳之刚质。故刚反之“动”的动静是复卦立体之本，其“动而以顺行”之动静，乃阳舒阴疾并立修健且正固的复阳之道。

临卦的相摩动静为“浸”。临卦同遯卦一样，皆有“浸而长”之言，阳来阴息亦以“浸”成，临卦以“刚浸而长”立动静，其“刚”乃正固之利蓄阳成刚，以刚之质浸阴而阳长，成其二刚浸长凌逼于阴的刚长而大之临体。临体立法序与经世两义，在法序义上，乃阳气刚壮阴妄消退过程所呈现的法序转换之理，亦是临有元亨之所在，在经世义上，乃正道复立以阳惠地众行德政的经世之理，亦是临有利贞之所在。

泰卦的相摩动静为“通”。泰卦以天地交而万物通言通泰，以通之渐成呈现泰卦交通往来的动静状态，泰卦之当体与天地、上下、内外、君子四重位域的大秩序产生交通往来，产生破郁交通的通泰往来之动静，故小往大来成泰卦之动静相。泰卦以内健外顺而小往大来，小往者，阴顺居外；大来者，阳健在内，此为内阳而外阴的泰之质，天地交易移精变气因交通往来而有常态动静，阳气充沛且发散往外，阳气源源不断被输布，使卦体气血充足，神足且气精充沛，精气神不断扬升。泰卦除与大秩序交通往来的相摩动静外，还有君子道长小人道消之动静，以及德政治道之动静。

大壮卦的相摩动静为“壮”。大壮卦以“刚以动”立“壮”之动静，卦中四阳阳势过中，长而壮，如雷霆动于天，其势盛大，既有壮之盛，又有势之大，成大壮体；大壮集阳壮、德壮、健壮、志壮、政壮、善壮于一体，且成其“刚”，亦成其“大”。大壮体因刚壮而有内刚化外政之“动”，以此立卦体之动静，既刚壮在内，又化动在外，故“刚以动”成大壮卦的动静相。大壮卦以抱元守一正固精气神而壮“动”其内，乃德大之健动；又以内之精神外化德政而“动”在外，乃德化之功；两者成其大壮卦从大正之道走向养大体并全大体的正大之路。

夬卦的相摩动静为“决”。夬卦以五刚决一柔，众阳上进决取在上一阴而成夬体，故以“刚决柔”言“决”之动静。五刚决一柔，赋予了决之公共性，通过“扬于王庭”之共决，而有决之公开与决之公共，从而有“柔乘五刚”之决果，并依决果建夬制，夬制成则终结旧制，既根除弊病，又开启夬制新政，以“刚长乃终”之夬制赋予德文明在夬体之精神品格。

乾卦的相摩动静为“健”。乾卦以阳“健”刚而卦体全阳，全阳则阴绝，乾卦之健，乃德文明之健、君子进德修业之大健，以及求德同而天下归德之健。乾卦基于身德同有、德序统有和德文明丰有的文明状态，以纯阳刚健中正之体，健天下归德之德文明大健，从而赋予乾体纯粹精神，合天地法序入道体，以统领之乾性，使天下万物各正性命，履法序井然。乾体之健，乃正阳进德之终极，亦完成了正坤返乾之路径。同坤卦以阴战阳不同，阳之大时与阴之战发生在夬卦，以“决”战之，且阳来阴息的相摩动静以“刚长乃终”在夬体终结，故乾体成纯粹精神与天地人品格升华之体，亦是至阳金性的真如之体。乾之真如体行生生之健，求德同且归德之健，以纯粹刚健之至阳充其内而妙化万有显如来义。在正阳进德正坤返乾之终，乾体以真如体如来义之动静相，呈现周易动静，又以变易动静和交易动静统领所有卦体。

纵观方圆图所呈现的六十四卦体，以动静言之，其“动”无外乎以“震”贯穿且统领所有之动，尤其是震慑行欲之妄动；其“静”无外乎以“贲”言守正且固守之静。震之动，根于道体德性，从圣德生化而流变之，依道体四域并德性四体，而显玄德、圣德、用德、证德之位域，震所承之序亦从德；震以起势、起气、起神、起礼、起德之器，根于道体德性之圣德，以传德为上，又根于道法本序之刚健，网通大小秩序而定序督职，以承序为主，故震以传德承序之大器，既网通大小秩序，又贯穿天下万物，以震卦统领刚动，尤其正不正之妄动。震出序从德，震惊百里之远，远人惊恐，近人知惧，传而感之，传于无形而感于微小。君子师震，当起齐地而通天之志。

贲之静，以德聚而统领外在诸多之聚，尤其是发生治道之聚、气聚、神聚，以贲卦山势之成而有聚之实，贲体之所以能聚，在于体静且神静，以此发生萃聚之实方能聚。贲卦以静聚之道赋予了贲体汇通文明之功，生正大之健动且守正固之利全然在乎静。因德性光明之赋予，以及向阳从正之牵引，使其呈现独特的精气神升华之动静。从贲卦行静聚之道而汇通成德文明可见，静为动根，真阳刚反之健动，必然根于静，才能正固蓄阳而德裕，外化德政必基于内阳刚壮，才能成其德照，无固阳蓄德之利，必然被阴妄遇、浸、塞、观、剥、战，而又陷入执妄迷失过程。正阳进德而正坤返乾之利器，正是精气神之健动与升华。

周而易七程式，即周乾易坤的“乾→姤→遯→否→观→剥→坤”执妄迷失过程，以“执妄迷失”为旨，执妄阴便势长，迷失则失明又失志，出现乱正又伤正、小人当道、君子烂落、昏蒙暗众等不正现状，且犹以不正言害，害君子、害正序、害正道、害德文明等。暗系统阴强妄大主患、祸、灾、难，因无明而有妄小人诸难，又因失志而有非君子诸灾。暗系统以小人得势而肆意妄为，小人具有强大的破坏力，尤其是履难破坏正序后贻害大众，使大众皆遭大难，在明夷卦有大阴诛阳、昏蒙诛明、迟钝诛志、否塞诛序、险困诛身、大过诛位的明夷六伤，从而害正序与正道，造成善政难为、教化难行、阳德难积之明夷大难，且患、祸、灾、难系统的诸卦亦有此类特征。

在执妄迷失过程中，其妄起于姤风之“柔”，盛于否卦之长，变于观卦之时，成于剥卦之刚，故柔变刚，有渐变之过程，且伤害之力亦随柔变刚的过程而增长。姤风之柔，并未成害，以不正之风渐长，至二阴成遯时，才在蛊体伤正，继而又在归妹乱正。三阴成否后，柔因小人道长而渐生难，以否难之成，可知“柔”

已然成大势。四阴成观，且在观得时而变，正因阴势强盛，阴阳战，正是正道消退不可不观之时，以中正观天下，可见阴伤阳致大不正，而观卦之正已然去之甚远，柔之变，使德政亦变，不得不行大观德政治之，由此可见柔已有刚之力。五阴成剥，阴柔之势强盛成刚，已能消阳致使阴体与阳剥离，通常在正不伤的情况下阳强阴弱，阳大阴小，阴势既然能消阳成剥，必然阴势强大，破坏力十足，从君子失位与德政失序可见，其柔刚之力已非同寻常。六阴成坤，正道被剥落而沦丧，正序因烂落而失效，民众彻底丧明，不知天道更不明心性，无有法阴阳变造化之志，更无立君子健身德之实，阴妄弥漫而柔势强盛，致使善政难为、教化难行、阳德难积，君子亦是稀罕之物。

以阴势浸长主刚柔之变，故而呈现了诸多不正之灾祸；君子在姤体、遯体失阳正，从一阴始生浸阳至二阴势长，随阴势渐长而阳正渐消，且不正之姤风遇阴势之遯山而回转成蛊，蛊惑伤正，又贯穿于归妹之乱正，使阳正无以制阴继续恶化。君子在否卦失位，小人道长，君子道消，并因阴势否塞，致使否体无法与大秩序交通往来，而生不交不通之否难与小人当道之难，小人当道则君子失位。君子在观卦失时，阴长阳消而阴有余，君子虽然予政与予德于民，以风行地上遍触万类而化德政，奈何四阴在下使君子已失大观中正之时。君子在剥体，失阳正，无位又不得时，阳又被阴剥丧，且烂落在地。从剥落之灾可知，失阳正，失位，失时，再以众小体之失，烂落在剥卦而成灾。德政之体，最重时与位，时未至，位不仅非正还将不存，阳不能及阴，出现姤卦不正之患、蛊卦蛊惑之祸、归妹卦乱正之祸、小过卦小过之祸、剥卦剥落之灾……非君子诸灾在所难免，若不正之凶得不到治理，将祸乱深重，还将出现如屯卦无序之难、蹇卦险困之难、坎卦重险之难等灾难更深重之难体。

易而周七程式，即正坤返乾“坤→复→临→泰→大壮→夬→乾”正阳进德过程，以“正阳进德”为旨，秉正阳便盛长，健明德又进志德，呈现阳正、大正、正大、同正之正而序的文明状态，且犹以健德成身君子而有身德之治道，以身德为基，走向大正，再从大正之道全大体而走向正大著称。明系统中内有明志双正，外有王道德政之大正，且以法、礼、德三者健德文明以正。之所以有内阳化外政之诸卦体，便是明系统肩负着对暗系统的治理，尤其是君子以大乘之进，执天道行王道进诸如明夷卦之难体，以德政治理之养正，行全大体之同德同正之理想。

在正阳进德过程中，阳气刚壮于复卦，以一阳来复之刚出震，复立阳道，阳道之事，事关君子治身德之重任，君子治身德，从一阳来复起修，以正固之利进阳裕德，经治君子九德之修健，以身德君子之成，使刚复阳气渐盛而成临。二阳成临复正道，临卦既临蛊惑伤正，又临正气正固，最终以知临之明行德政临民而振民凶，临卦治明德，又治政德，以施善政惠民而复正道，使其阳道复立而大盛。三阳开泰复正序，泰卦复立天地、上下、内外、君子与小人四重位域的往来秩序，使其天地交而万物通，重要的是因交通往来秩序复立，君子在泰卦当道，裁节调度并施为有方而大行德政，以交易之质和往来之实，既安其位序，又立德政。四阳壮盛于大壮，升华与转机亦在大壮，四阳壮盛使其以德大之健动，行内刚化外政的转化之能，不仅执大正之道使天下大壮，亦以大正之道执天道行王道而全大体，从大正到正大乃大壮之升华，全大体在于正大成序，大壮卦铺垫了正大之序的基础。五阳成夬，正大成序必先建制，而决制依夬决，卦中五阳共决于王庭，建夬制而根除涣散，拯济明夷，夬制德大，厚生王化之政，使其能内外合德而文质相资升华内文明，并外照德政。六阳全乾，以德为核，精气神升华阳德全圆而无所不照，内外合德合功使其天下德同而德服天下，既有盛大丰有的大有之境，又有纯粹精神的大治之功，乾君子统领天下所有君子，使君子文明和德文明各正性命而以乾化坤。

明系统中君子健明德亦进志德，肩负起制阴与治阴之任，故而君子志在进位并当位，从大正走向正大的首要责任便是治阴之不正，救小人与暗众出患、祸、灾、难，这便是德位治则言“术用”之所在，治暗有术且达其所用。为何要治理？从暗系统来说，暗众与小人履难，因失明又失志，很难自救，非小人之众虽不及小人深陷阴妄，亦有昏蒙、草昧、欲多、妄强之特性，亦难以自出难体，何况正序被小人当道打破、剥落，难以助暗众修身健德，故需君子助其出难；从明系统来说，君子志在大同更需积大善，身德君子可自修自健，而位德君子必依善政，最好的善政便是以一序统所有，既载万政又积万善。

德位治则下的术用系统。在践行大同理想的路径上，明系统诸君子以治身君子九德系统，通过“困→复→损→益→恒→井→巽→履→谦”的治君子过程，修身健德而治身德，以身德君子称位而区别于暗众和小人。身德君子以身德修健之终，走向进位德之始，君子进位且当位必先养正，通过“革→渐→家人→颐→大畜→升→大壮”的养正七渐系统养正气，再执抱元守一之精神，以内精神化外政，外政便是君子担当匹夫之责教化暗众之德政，君子主德政必行大乘之进，进明夷体、进患、祸、灾、难之卦体。德政教化当通过“观→中孚→涣→夬→晋→离→贲→鼎→同人→

大有”德教十政的德政治理，以中正养大体并全大体，使天下所有体皆能正大得光明。之所以有德位治则下的诸多术用系统，在于德位治道可化裁变通，形成德位治则的新体系，并以序德系统、身德系统、明德系统、志德系统、感德系统、养德系统、化德系统来举措推行，使化裁变通的易道思想能唯变所适，不拘定式而能万用。

德位治则下的明暗术用系统自身亦有循环转化体系，小人亦能进步，君子亦会堕落，小人能通过治君子九德系统健德成为君子，君子若不养正且正固，不进远大之志，与小人为伍行妄逐欲，亦会入暗。明系统可治暗使不正皆正，与暗系统交易的诸卦，在德政治理生卦体治道的基础上，会因阳利而紧随君子，并效仿君子，会逐渐使不明者渐明，无智者有智。在诸多不正之体中因德治会德化出君子，同坎卦经过重险之难炼出维心君子一样，法序之内在自有转换之机，何况有德政教化之力的牵引。

一体两观两时位。观卦为暗系统趋明的内在转换之柄，不仅明系统可以使暗众与小人驱明，在暗系统也有内在转换之柄，便是观卦。言德政治理，既要洞悉观卦是暗系统中的不正之体，又要践行观卦德化天下的风化之道；若以“正”来看待观体，则有观卦之“欺骗”性，原因在于不正主观，观卦被阴之大时所主而四阴成观，从否卦小人当道后，不正势长，且在观卦主中正观天下之德政后，其阴势仍盛长，既有恶佞作祟，又有暗众驱阴且阴势难以回转，德政在阴势强盛下将失去治理效力，将生阴恶作梗而有恶佞之灾，且观之不正会继续发酵而阴恶更甚，故不能从表面看观卦之正，阴妄从生、恶佞滋长才是观卦主体。也正是观卦被阴之不正所主，且阴势盛长而渐成剥体，观卦观阴妄之生且观阴妄致祸，阴势盛长且灾祸如此，不得不行观道治之，观卦正是以众卦未有的制阴教化之力，才得以德制阴与修德行政之典范，在暗系统中以德化之力尽观体之责，正是因为观体之责，也以此成为了暗系统趋明的内在转换之柄。同观卦一样，诸多卦体皆有一体两观的两面性或多面性，其“阳”之复与“正”之立，皆离不开六十四卦体中每一卦来交易其中，共同呈现德政治道的德化之力，况且每一个患、祸、灾、难的卦体，皆有德位法则所主的德政治道在作用。

体时位贯穿四易体证呈现吉凶悔吝系统。体时位贯穿四易体证必因“位”而见德，又从错综复杂卦相推变化而知吉凶。设卦观象可占吉凶，圣人系辞明吉凶而可据辞知吉凶，又以刚柔相推之变化而知吉凶之发展，故而在吉凶之果尚未落定时能治吉凶。吉凶之占，因位而见德，有德而吉，无德有凶，治吉凶便是以“德”

而治；在吉凶悔吝系统中言吉凶有占吉凶、知吉凶、治吉凶之过程。之所以有吉凶悔吝，在于有得失忧虞且含进退变化，得则吉，失则凶，吉凶相对，而悔吝居其中间，所谓吉则象得，凶则象失，悔则象忧，吝则象虞便是如此，忧虞虽未至凶，但足以致悔而取羞。吉凶悔吝也自有其循环系统，悔了便吉，吉了便吝，吝了便凶，凶了又悔，以此进退变化而杂糅相间，有悔为吉之渐、吝为凶之渐之说，在于悔吝为吉凶进退转换之间。

吉凶之所以有进退变化而循环不定，在于以德确治可以趋吉避凶，使其互为进退，言“治”多在于化凶转吉。悔吝如何生呢？悔吝在践理过程中生，在知理而践行过程中，知理且顺理之行，为气盈之为，若不行敬慎之道，常有悔，过阳过正皆为错失，错失则生悔。不明理且背理之行，为阴妄所主的气歉之为，虽有为但难顺正理走正道，常不能达其常，而生吝，同时气歉则生节制，有拘谨又猥琐之义，因识不明而不能光明正大，乃节制之吝。错失生悔，以知悔而困于心且衡于虑，呈忧象，吝在不正之先，识不明不知何为而陷于安且溺于乐，呈虞象。

吉凶悔吝如何相间转化呢？通常吉了便吝，因知理明正而敬慎得失，故而行顺理明正的节制之吝，此为吉吝；行吝之节制长久，则难称位其位，故而从吝转凶，有凶则又将生悔，以此种种进退变化而杂糅相间。吉吝不会立马生凶，若行吉吝有过则从吝转凶；吉吝同悔吝不同，悔常自凶至而有悔，有悔再不吝则必凶祸犹甚，故行悔吝又能化凶而趋吉，通常以悔吝来立凶之戒。吝自吉趋凶与悔自凶趋吉的循环往复之态，往往与刚柔进退相贯，从而刚柔相摩主进退，与体时位共同形成吉凶悔吝循环系统。

在吉凶悔吝系统中，占吉凶、知吉凶、治吉凶全在乎“位”，而位以爻象呈现，由六爻递相推动而生变化，以此由浅及深，由卦体贯本体，由卦时贯大时，结合六爻之位，而总推天地人三才之道。之所以吉无不利，便是顺天理自然法则，在体时位变动相摩中能知变、求变、通变且适变，既通变易之理，又有诸多变而能通的方式方法，自然就能在吉凶悔吝系统中找到趋吉的路径。自天佑之的“天”正是能在吉凶悔吝系统中趋吉避凶之德，也是德位法则中以位见德之德。唯德才能济通所有，修德自健便能以德性通天而福祸自主。

# 阳德篇

## 精气之神曰阳德

何为阳德？精气之神曰阳德；内证精气神而正阳进德，依阳德蓄而全之次序既见生命本根又见道并证道。有精气神生命本根认识论，内炼精气神方法论，由内炼三程式贯穿的正坤返乾正阳进德过程，呈现“坤→复→临→泰→大壮→夬→乾”正阳进德易而周七程式。

所谓君子得道，乃内证精气神而证道，内证乃正阳进德继而见性之过程，之所以言内证阳德，在于“德”是生阳气的法宝，无论是无明染浊导致堕落，还是正阳进德打破无明而见性，其转换的枢纽和密钥便是“德”，以德的阴阳法则属性赋予，执妄贪着与积不善会失德，阴气加重，会加剧精气神的消耗；反之，内证蓄阳与积善厚德则会畜养精气神，从而以改变六识因缘能量体结构而正阳正德。之所以言“内”证，在于德系统立于人身而有身、外、内之德序；身德，为立身修德身；外德，通过德制共序养德政；内德，内证阳德而证自性。内证大道，依阳德蓄而全之次序见道并证道。

在周易易周程式里，有周乾易坤执妄迷失过程和正坤返乾正阳进德过程。周乾易坤“周而易”描述了无极道体以其“易”道，从太易的“易”念起生无明，且被无明牵引而离性体，便有了从乾性光明执妄迷失成在凡之坤体。柔道牵乾，迷失道坤，这是“执妄迷失”的真相，其“妄”与“迷”是无明难以被打破之因，所以要能识妄认迷而明心见性。正坤返乾“易而周”正是内证德性而自性圆满的性命之道，正坤返乾以正阳进德之轴，辅以他卦呈现修真的路线与火候，乾坤总纲的性命双修以乾坤为总则统领其他六十二卦来相辅相成。在正坤返乾过程中，围绕精气神健中正德，为命功，其阳神还虚退藏于密证龙德，为性功。乾坤总纲性命双修的内证之道，以六十四卦呈现性命双修内容，正坤返乾正阳进德的七卦为修习之路线，亦是次第之七“鼎”，再集六十四卦精髓所指，三百八十四爻关窍所呈，尽然囊括性命双修的路线、进展、火候与关窍要诀，通过炼精化气、炼气化神、炼神还虚过程，从阳气蓄积到真阳出现，依七鼎之路线健中正德而精气神三圆三全，从而证悟本来。

言内证精气神而见道并证道，必先知精气神生命本根。之所以言说精气神生命本根，那是因为精气神之于生命，从形上道之先天和形下器之后天的生命的源流生化上，精气神皆贯穿其中。在天地人三才的大生命观里，以太极五生象生育系统、精气神界域流变转换系统、五藏神与阴阳五行之藏统御系统、天地人五行经络运相系统、意识三脑传导与熏习系统为藏象生命五系统，描述精气神在先天运相界域、后天藏象界域、人体命象界域的三次天人离一移精变气的流变转换过程，产生天地人五行之藏至微至彰变动不居联系的实质，呈现大生命形态下的源流变关联，皆是由精气神贯穿。对比先天五太“太易→太初→太始→太素→太极”无极而太极过程的“无极五生象”，由后天五生“生生→生主→生入→生成→生育”过程呈现的太极五生象生育过程，称为“太极五生象”，形成了无极而太极与太极而胎体的生命过程，也是生命形态在形上道和形下器的全视野。“无极五生象”与“太极五生象”的生命状态就是以精气神的流变转换为承载，承载生命本根的正是精气神。

何为内丹？从精气神生命本根而言，为先天态精气神聚而成丹。内丹功态的要领便是以凝神入静来聚命体的凡精、凡气，以命体精气神为原材料经过内丹功态找到真炁和真精，即先天精气态，使其一灵独存而破玄关入先天精气神域，再经过炼精化气、炼气化神、炼神返虚的内丹三程式入性功转换妄识，最终在性体上转识成智，使其自性真如放大光明。内丹，从大道义理来说，为惟道无对的道体圆明之神。丹，取单一之义，就是惟道无对，独一本体。伏羲一画开天，即是依道体而得太极，依道体而生，丹就是道体之用，道生一，无极生太极，太极即为无极的丹，叫太极丹。太极丹是天地万物之本，含灵至妙，浑然至纯。道体与太极丹的体用里，有个玄关一窍，此窍现动静二相。无极无为，为道之体，虚灵而实有并妙化万有，即是无为而无不为真性。此太极丹上合道体下化万物，变化万千，大而无外小而无内；此太极丹，生万物，育天地。

神与气精为内证原材料。神者，在性体为识神，在命体为五藏神。元神就是不垢不净、不生不灭的自性。自性被无明遮挡，被往昔所造诸恶业以及攀缘之念，层层包裹，无法自性彰显和元神归位,便是识神,即被染浊的元神呈现后天生命状态的就是识神。元神是自性真如，是如来藏，人人本有，实修证得，即证得不生不灭，如如来去。与元神相对来说的是什么呢，是识神；言识神者，有太极识、生分识、内意识、身心识以及外感识的眼识、耳识、鼻识、舌识四识，共成染义八识。太极识以染义如来藏识现行，因染而失圆明，因生分而执妄，执妄而牵迷，为染义种子所主，故因生分与执妄而有生分识，生分识因妄而生，又执妄而分，以此传导染义种子。当现行之种子生起现用，以人身联系乾坤而连贯起用，成先天内意识，先天内意识以统领之体，总领身心识与外四识，身心识与外四识依内意识而起用，成为眼识、耳识、鼻识、舌识四种外感识之识根，以联动识、根、尘、蕴交互作用和熏习。种子变现生起现行成主随之神气，识之发乃精为气用气动必是精用的精气动态。

精气神之本质。从胎光玄精入胎来界说先天和后天，从而了解生命形态流变转换的过程，把胎光玄精入胎前的“胎光”和“玄精”看作先天态，入胎前的“胎光”为识神种子，“玄精”为精气媾和态，这两者经过因缘和合后，识神种子“胎光”和精气媾和态的“玄精”发生密关联形成胎光玄精，并且以此入胎成为后天人体能量体，从而有了先天与后天的界说。神以精气形态承载，识神若无精则不足以动，故识神具足“精”的能量体；识神若无气则不足于以精气关联且唯识变现现行运动而呈现藏相动能态，故识神具足“气”的运动态。并且“精”与“气”又同时具足藏相动能态中精以气动与气动必是精用的精气关联。识神种子具足精气关联的精气形态， 以太素生命素的“精”形态入胎，这就是胎光玄精的含义。“精”的本质，就是一切神、精、气的状态都是“精”的能量体态，或者是都要以“精”的能量体呈现，包括色法属性上所有坤地体世界（包含所有重物质）都是精的能量态，且一切神、精、气能囊括的皆是能量态，为精。精在不同位域阶段有不同的形态含义，如在大道无极体为至素至精，在道域的无极而太极过程中为太素，在母域相虚界为太素生命素（宇宙生命素），在器域的物质界为光子素，在五藏神为魄，在人体运化层面为水谷精微素。从精的含义就可知“气”的本质，为 “精”的能量体呈运动态则为气，无论是从宏观上（已经按色法形成的坤地体世界）还是微观上（识因缘的积聚）都呈现了“精”的气态。从至微层面讲，一切恒常变化，呈生生之健，都是气的动态。神主气精中的“神”为识神种子，从种子库中种子出发，在坤地无明的染义下，呈现唯识染义的识种子，而“神”是因为真种子在如来藏缘起义上具足真如体如来义，为唯一心性，它不生不灭，无论净义还是染义，其“神”的真如性具足，不增不减，故有识神种子。从神主气精而言识神种子为内在，而精气媾和为外在。

黄庭三宫与内外丹田为内炼“炉鼎”。黄庭三宫为上黄庭泥丸宫、中黄庭心绛宫、下黄庭命门宫。何为“黄庭”呢？“黄庭”为成胎之始胎光玄精流转成人体初始胎体的空间之所；“黄”为先天胎真境纯阳金性之描述，“庭”为时空体空间境的描述，具中义，为境之中位。此“庭”的中位即为宫，成为黄庭宫，人体初始胎体有黄庭三宫。在胎光玄精入胎经过先天与后天之流界门，又要离转为精气神三态，这三态的分布就形成黄庭三宫，其中上黄庭泥丸宫为神库，中黄庭心绛宫为精库，下黄庭命门宫为气库。黄庭三宫的精气神三库，简称黄庭三宫库，与中位庭宫相对应的中位外境轮就有丹田三轮。中位庭宫三库和中位外境三轮即为宫库田轮。根据黄庭中位三宫以及与中位三宫对应的外境三轮为丹田三轮，上黄庭泥丸宫神库中位外境为上丹田神田，中黄庭心绛宫精库中位外境为中丹田精田，下黄庭命门宫气库中位外境为下丹田气田。

丹田，为后天藏象精气神的黄庭宫库态下形成的外境精气神能量体分布群。与黄庭中位三宫对应，它来源于先天胎真境，经胎光玄精入胎并在藏象命门临界态流转，以黄庭宫库作为后天藏象精气神之居所，并在居所外境形成的能量体分布，为丹田。当丹田跟人体命象部位对应时，就分出了内丹田和外丹田。内丹田是与黄庭三宫对应，上黄庭宫神丹田，中黄庭宫精丹田，下黄庭宫气丹田。而外丹田与人体命象相接，流变转换成为外丹田的上丹田为神田，中丹田为气田，下丹田为精田。和内丹田对比外丹田产生了精田与气田的变化。内丹田为藏象能量体结构下的丹田义，外丹田人体命象能量体结构下的丹田义。

进阳德七程式为内丹内炼次第。正阳进德七程式，即正坤返乾“坤→复→临→泰→大壮→夬→乾”正阳进德过程，以“正阳进德”为旨，秉正阳而盛长，随健明德又进志德而阳德逐渐刚壮，呈现阳正、大正、正大、同正之正而序的精气神渐圆而全的状态。犹以健阳德成阳德君子而有内证之治道，以一阳来复的身阳为基，走向全身皆阳正，再从全身阳正转妄识成智而唯识无妄，从而内证大成。在正阳进德进程中，阳正用“坤”，明执妄之所在立内证之志，从而炼志化明；阳气刚反于复体，以一阳来复之刚出震，复立阳道，阳道之事，事关君子治阳德之重任，君子健阳德，从一阳来复起修，以凝神曰静的正固之利进阳裕德，最终以阳德君子之成，使刚复阳气渐盛而成临。二阳成临，复阳正之道，以阳临阴而真气开脉成为主功态；临体以阳正临阴，阴强阳小而阴伤正，故临以知临之明正固阳气，巩固复卦之基而正气充裕，在临卦治知临之明德，又治正固阳正之德，以阳正施阴而特重开脉，使其“阳”因正道复立而阳正大盛。三阳脉开而泰复正序，真阳气机通泰成主功态；三阳开脉而气脉通泰，气机往来复立阳正秩序，阳正君子在泰体当道，裁节调度阳气并施为有方，以阳温阴而大施阳气，既安阳气位序，又立阳化阴之政。四阳壮盛于大壮，大壮体乃炼精化气的显著阶段，泰通脉开而真精自出，故而炼精化气为主功态，升华与转机亦在大壮，四阳壮盛使其有阳德之大健动，行内刚化外阴的转化之能，不仅执大正之道使全身气脉皆阳气大壮，亦以大正之道执阳道而全大体，从大正到正大乃大壮之升华，大壮体铺垫了全身皆正大的基础。五阳刚壮成夬体，真气皆扬于王庭而炼气化神，炼气化神成为主功态。五阳共进而真气扬于王庭，以神气化阴妄来拯济阴妄，阳气共决阴而阴无处遁形，起心动念之阴妄被五阳觉察而转化，使其能内外合阳德而升华内阳文明，并外照阴妄。六阳全乾，炼神还虚而转细微妄识成智，以阳德为核，内精气神升华阳德全圆而无所不照，全身阳正且妄识皆正，既有盛大丰有的大有之境，又有纯粹精神的大治之功，乾阳君子完成各正性命之造化而以乾化坤，唯识无为更无外境。

一阳来“复”，以炼液化阳来坚固阳正基础。在正阳进德进程中，阳气刚反于复体，君子健阳德，从一阳来复起修，以凝神曰静的正固之利进阳裕德，以阳德君子之成，使刚复阳气渐盛而成临。我们说从一阳初动到一阳来复，以先天脏腑精气为原料，配以导引存思之法，以神意升降气机之实质，把藏匿于脏腑先天之精气导引出来，利用三丹田及全身经络太极官的调制，而行诸事内求采脏腑精气。以站桩静坐来驯致其履霜坚冰的阴凝之道，在站桩静坐破冰的功法道路上，行凝神曰静之实质，配以饮刀圭与调息升降之法，初得阳气，这个过程叫炼液化气，此阳气循经而身热，并且与脏腑藏匿精气有了沟通往来，依赖丹田及经络穴位等太极官的运化，而有阳气初动之象。初得阳气到一阳来复，要经历行“耒耨之教”的“犁田”耕耘过程，就是得做好谦谦君子，并且常处于卑位，以谦卑之心而辛勤耕耘， 在阳气以人体经络象视野循经而身热至一阳来复功态的过程中，要注意谦谦君子卑以自牧和归根曰静两大要点。其中谦谦君子卑以自牧，要以谦卑之心，做好“刀圭”自牧耕耘，守好自己这口无价“井”。归根曰静，从凝神曰静的层次到神、气、意三者归根，成为凝神入气穴的归根曰静。刚反而动，则是复卦阳气初动的写照，当刚动来复，为一阳来复。在一阳初动至一阳来复，就要懂得“至日闭关”，一阳初动与一阳来复是两个功态，一阳初动为阳气刚反之初，此时的阳气由于还未发生刚复的本质变化，真阳未出，其阳的根基还不稳定，随时会被“出入、朋来”侵袭。直到初动的阳气，每七日来复，此复为刚复，真阳已刚。

二阳盛“临”，以炼阳温身使阳气刚强而开脉。二阳成临复阳正之道，以阳临阴而真气开脉成为主功态。二阳浸长以逼于阴，故为临；二阳长于下，继复卦一阳来复于下后，刚复阳气以正固之利渐盛而成临，临者，二阳壮盛成刚，阳刚之势壮而浸阴，使阳进而凌逼于阴，为阳临阴而阳长而大之状态。临之阳长，有大时亦有小时，大时为正坤返乾正固德盛过程，此为阳长成势且刚壮之时，乃阳气刚复之大时；小时，为临卦卦体之时，虽二阳长而盛，但与四阴共成卦体，阳长尚待卦时，二阳与四阴类比，阳虽小，但却有位，故而临之小时，因大时之阳长而成其阳之体位。阳长之大时，阴不可与敌，尤其是阳临阴，阴阳必战，处临卦之体，可以少胜多，以弱胜强，而阳逐渐盛大。临者大也，乃刚长而大，刚长为阳浸阴而从阴处长，为以阳临阴，阳长而大乃阴阳盈虚之法序也；阳长刚盛而正道立，正道者，乃内证阳德之事业。

临有大时亦有小时，大时成体，小时占位。大时成其二阳复长于下的“说而顺”之体，小时以二阳应四阴犹以九二当位以阳临阴而显临义。小时占位之“占”，便是阳占中位，言“占”非阴小之争夺，而是顺承大时而有九二刚中之当位，使阳气开脉。在大时成体与小时占位的“刚浸而长”过程中，实乃“阳足→刚壮→金性”的渐进过程。在正坤返乾的大时义中，阳自复卦起，刚长且足，以刚而出震之力言“刚”之阳足，“阳足”赋予了临卦阳气足而成刚，且以刚性渐长；“刚壮”赋予了刚性渐长之阳刚随阴息阳长而渐刚壮，临卦阳之刚壮乃阴息阳长之结果，阳进凌逼于阴且阳战阴而使阴息，为临之大时所成，虽阳弱阴盛，但阳亦然又强壮之势，阴长时生祸乱，阳长则拨乱反正，随阳气刚壮而正道乃复，临之当九二占中位，以中德之盛，复立正道；“金性”赋予了泽金生水之性而有地临水的水地亲比之状态，泽之金性乃阳足德裕之刚复阳气所化，且刚壮出震，以震之功接通天地之法序之性，故金性乃足。

从阳正开脉而言，阳气必陷阴凶，必然要有“夺”位之战，阳夺阴而占之，便是从复卦到临卦成体的过程。这也是临卦有凶祸之戒的原因，乃阴之不正为祸，阴之不正乃临体有四阴之存，且四阴之体盛于二阳，且临体继蛊，必临蛊事，此为知临之明必明之理，明阴之不正为祸存于临体之先且仍有四阴值临体。真气开脉漫长而艰辛，尤其是在功态中感觉收效甚微小，何况真气开脉必损耗阳气，会在功态中常有疲惫感，所谓的蛊惑事便是有收效甚微而半途而废的蛊惑。二阳临四阴，乃临体以刚临柔，阳值大时而势长，因“大时”之赋予，二阳方长于下，阳道向盛之时，要戒其阴长消阳，阳虽在大时义中浸长，从时令消息而言，有阳消之患，故而阳消阴又长，故言有凶。值临卦二阳长于下，阳道复立之际，须警惕阴又盛长而使阳道消之弊，当阴盛长而阳道消，必遭比不正之祸更凶之事，故郑重立戒。

三阳开“泰”，以炼身阳入玄关气机通而真精出。三阳开泰气机往来出金机飞电功态，乃藏象真精出。在泰卦，乾三阳志气相同，居其内且与身体阴阳相交，三阳共壮而齐志，乃临卦开脉后气脉渐通而阳道有序的结果。泰之初九举志向外，乃开主脉后向其他支脉及细脉行进，且阳正足而众同志皆同，如同茅茹相连，故在泰时，乾三阳志在外而同征，为共同的志向健而征，为进志而自拔，乃内证的大进取之象。初以阳居下，有刚明之才，当功态与时运皆济时，其真气与真精皆同而应志，共同相牵相援，如茅草之根，广泛相连，若拔一根则有其他相牵连而起，这便是气脉渐开的真实写照。

脉开气机通出现小往大来的往来之道，为气机交通而精气相互运化之时运到来，内阳而外阴的精气状态明显，乃阳气与真精的相互输布；何为“小往大来”？小往者，阴顺居外；大来者，阳健在内，此为内阳而外阴的泰之质。内阳决定了阳气充沛且发散往外，阳气源源不断被输布，故而身体气血充足，外阴之体得精气给养，故而能顺，身体之“神”因精气充沛而不至于神气耗散，神足且气精充沛，精气神不断扬升，是三阳开泰往来之所在。气机通则真精出，真精与真阳往来则出金机飞电功态，这是真精的能量状态写照。言泰通，除了气机通外，还有内证境界通，不再局限于身体镜像，而与往昔因缘产生了交通，此为内证的大秩序之往来，有其内阳原动力般的输布，全息元象般的动态交易得以时刻联通。泰体有天地际而阴阳界分明显之兆，阳气在脉中全开，而内证境界从唯识而言正是阴妄之境，境界现便知阴妄之所在，这是泰体非一般的觉知与觉照。值泰之大时，阳长阴息，阳大阴小，故又为以大临小，大者，阳德与阳正之道为大，小者，阴妄境为小。

四阳“大壮”，以炼精化气炼藏象真精化先天元炁，从而炁阳结合。四阳壮盛于大壮，大壮体乃炼精化气的显著阶段，自泰通脉开而真精自出，在大壮体呈现炼精化气的功态，精乃藏象之真精，所化之气亦乃天元真气，其阳刚而壮的程度非刚复阳气与临泰之气可比，临泰之气还局限于身体之精气，而炼精化气的升华与转机在大壮，四阳壮盛使其有阳德之大健动，此大健动便是天元真气到来之机。“刚以动”描述了卦中四阳息阴，阳势过中而壮，如雷霆动于天，其势盛大，虽雷动于天，但大壮体壮而稳固，以待风雨而不惧变故。震之动，正是真精化气之健动，无刚不足以出震，阳足刚强且势壮才能出震，故震全在乎刚，刚壮行健，正是震响天地而现大地沉沦之境时。震之所以能震，便是大阳德出现，所谓“帝出乎震”便是如此，无刚壮之内在以及纯粹之精神，便不能载“帝”之德，故刚以动，为刚壮行健而动，为德大之健动。

大壮刚壮曰壮，以内壮和外壮皆有刚而成大壮，内壮者，必是内在精气神的刚壮，精气刚壮，从萃正聚气，到颐养，再到德蓄刚健而壮，又经过精气原材料的升域，呈现在大壮体的刚健笃实而强壮。炼精化气是大壮的显著功态，气足则神足，且神刚壮，神足则能化阴妄，神刚壮，从舍识弃意虚我从心，行洁静精微之感通，心不逐妄外驰，静守正固精气，以神主气精之用，使精气得以受摄坚固，继而养神，尤其是大畜卦的上九以神御气之术温养二阴之妄，使阴神能转阳而精气全通，得龙德阳神于上而窍出天际，为神足且刚壮之大象，故而大壮为夬体神气扬于王庭冲升入脑做足基础。在大壮体精气神三者从炼精化气而气神合一，以专诚之用，推无妄养正之诚，以精气化神之功，哺育万物而神不驰，精气不散，再自升虚邑至冥升精进养之而不退，刚强成壮。内壮之精气神，成体时三者抱元守一，自当固守，待用时以神主气精而用之，发乎于外而全大体。

内刚外化。当刚壮在内，且内壮之精气神抱元守一正固其时，刚壮且强日盛，然壮不可过，内强壮必有外体弱，当内强外弱时，内外不平衡会以阳伤阴，继而伤阳本身，故而要转化其刚强，为使内刚外化，把内在壮盛之能量，化在温养身体以及转化阴妄上，正因为有这种扬升位域的“化”，才有内证上的化腐朽为神奇之功，也是从大正走向正大的路径。大壮全大体便是以刚壮阳气温养全身，乃内刚化外行温养之政。乾体居内，震体居外，乾体正且刚壮，成大壮之基，内外齐德，以内在纯粹之精气，化温养全身的外在之政，以震响于天际，乘雷雨之势，行乎四方，正是大壮体内刚化外政之时。大壮以抱元守一之体，行神主气精之用，其大用便是以阳刚化阴妄于外，外者，全身也；大壮之体，以养贯穿前后，以阳气贯穿其中，以神主气精收摄正固，以舍识弃意虚我从心而正其心神。以内精气神化外在之体，依真精和真气升域而进外壮，外壮以温养之志贯穿前后，以阳德行“善”贯穿其中，以神足而心不乱正位居体临全身，再以内外皆壮而相兼，得全体之大，以强健刚壮之德力见其大正，在大壮见大正，方见炼精化气生化之能，以及阳刚化阴妄的阳善之功。

大壮之德化，为内在刚壮之德，外化阴妄成政，所谓政，便是内证之功态，以功为政；以阳德化阴妄之功，行正且大的正大之道。刚在内，而动乎外，是应德大之健动，非过盛之妄动，得大壮之义；刚盛在内，动其政在外，以内刚壮外大，把内刚盛之壮化成外动，成其颐卦养大体并全大体的内证理想。之所以大壮能养大体并全大体，在于以“化”连接内德与外政，成其大壮的正大之道。大壮刚盛在内则“刚以动”，动则反静，违背守静而正固原则，刚以动，在于壮盛而过，故壮不可过，需止健并平衡内外，寻求动静有常的内外平衡之道。刚盛在内，动亦在内，则应止健，使壮不可过，壮之动以动反静而伤阳，大动则伤阳德，动于外则伤温养之政。言“止”，为任何违背静守的内动、逐妄之动，都要被制止，这是心不外驰、神不外散的真如体所赋予的正道，也是明德洞晓动静根本之所在，止大壮之过，从化阴妄温阳而言，不能妄动速成，只能守静而缓图之。

五阳神“夬”，以炼气化神使精气扬于王庭化神来决阴。大壮炼精化气而气神皆足，在夬体五阳之气扬于王庭冲升入脑而炼气化神，以神气化阴妄来共决阴妄，使众阴无处遁形。夬体以炼气化神而转识神成真，以德决决去在上一阴，“上一阴”乃泥丸宫之妄识。治涣在夬卦，根除涣难依德决便是此理，神思之涣，便是六识逐妄而涣散，这便是之所以执妄迷失而失真性的原因，当决去了在识神所在的阴妄，也是最关重要也最难拔出之阴，乃细微流注之内识也，当识根被拔，则根尘蕴结随之无依存之地，使其众妄识无有识根之应，且无逐妄之维系，再加上五阳履刚，内外共进而尽除妄识，使涣祸能从决而出。

“扬于王庭”为夬决之象，兑为口，以口言扬说，王庭者，泥丸首领之象，为扬说真性之大事，经过五阳共照，识神阴妄尽悉觉照，泥丸之决，而夬于王庭，乃炼气化神继而转识成智之大事，当妄识转阳而真性放大光明，则自性为王。五阳决一阴，为以刚决柔，以夬决新，出新则是自性放大光明出，非新有而是妄识去，自性现，故而转妄识，亦是从革，革除旧妄而革除宿疾，在夬决之中，乾为马，兑主锐，有快马疾行且锐意进取之象，实为行夬之当决应速决，在于阳足而阴妄被照，在起心动念之际便无所遁形。

五刚决一柔，赋予了决阴转妄识之共性。五刚者，为上下内外之刚，亦为六爻中的五爻，从数量上，为多数决少数；从性质上，为以刚决柔；从决之内容上，五刚齐志且以阳对阴，从决性上下功夫，找出真性与妄识之别，且从识根之因上入手，从根上治。“柔乘五刚”为决果，五阳共决一柔，使阴妄不再成为祸首，以“去”除祸患之根，亦以“去”治理本性。去祸患之根，则建新序，此新序便是不再随妄识主导自我，而是以自性放大光明，乃阳主序，非妄识之阴主序，在未见自性妄识未转时，皆以妄主序，使其识根尘反复熏习而出入无期，故而夬从革，乃取自性之新而阳主序。乾圆兑缺之夬体，以兑缺之现状，警示炼气化神并炼神还虚在夬体还不能完全解决，还尚有缺和漏，故而以圆存缺之象要查漏补缺，使阳正之道要圆满。

六阳全“乾”，以炼神还虚转细微妄识成智。基于夬体炼气化神并炼神还虚继续用功，使内精气神升华而阳德圆满无所不照，全身阳正且妄识皆被觉照，乾阳君子完成各正性命之造化而以乾化坤，使其精神圆明之大圆满境。六阳全阳乃精气神三圆三全的阳神之态，也是三花聚顶与五气朝元的纯阳龙气，经过龙战于野温养圣胎，使其命功与性功完全融合，当温养圣胎与退藏于密的功法与功态完成后，便是“六位时成，时乘六龙以御天”，复归于无极，转凡成圣，证悟光明本来，因缘和合所成的无明坤元世界便消遁，无明已经被打破，一切色尘因果皆已了断，正是无明道穷而大光明现前之时。

内证精气神亦是治身之德政。以刚壮之内阳行温养阴妄之政，此政便是温养圣胎与退藏于密转妄识的阳德善政。在阳德系统中阳正君子健明德亦进志德，立尽性了命而自性圆满之志，再以“正阳进德”为旨，从阳正、大正、正大、同正为阳德之路径，内炼精气神，从一阳来复的身阳之基，走向全身皆阳正，再从全身阳正全妄识皆转智而唯识无妄，便是肩负起制阴与化阴之任，这便是阳德君子内证之德政——以阳德普施化阴妄，故而内证君子的阳德善政亦符合德位治则。

在践行自性圆满的路径上，阳正君子以治身君子九德系统，通过“困→复→损→益→恒→井→巽→履→谦”的治君子过程，修身健德而治身德，以身德君子称位而区别于暗众和小人。身德君子以身德修健之终，走向养阳德之始，阳德进位且当位必先养正，通过“革→渐→家人→颐→大畜→升→大壮”的养正七渐系统养正气，再执抱元守一之精神，以内之纯阳精神化外在之政，外政便是阳正温阳阴妄之身的德政，此德政以阳化阴，乃阳德君子主阳政行大乘之进，进明夷体、进患、祸、灾、难之往昔之诸妄业；通过“观→中孚→涣→夬→晋→离→贲→鼎→同人→大有”德教十政的德政治理，从大正之道执天道行王道，以中正养大体并全大体，使天下所有体皆能阳正。故而德位治则下的内证术用亦有循环转化体系，阴妄亦能转阳，阳气若不持续正固则会被阴妄吞噬，内证尚未大成的阳德君子若不养正且正固，不进远大之志，且与阴妄为伍行妄逐欲，亦会入暗而堕落。和执妄迷失图一样，正坤返乾修真图亦是一个宏大无比的全时空过程，任何细微流注的因缘都在全时空中发生交易联系，内证君子证阳德，需不断健明德与志德，只有明志双用方能克服诸多艰难险阻。

# 识德篇

## 生灭之境曰识德

何为识德？生灭之境曰识德；从生灭法则可知识神生灭过程。有太极识、生分识、内意识、身心识以及外感识的眼识、耳识、鼻识、舌识四识，共成染义八识；与自性真如元神相对的是识神，自性被无明遮挡，被往昔所造诸恶业以及攀缘之念，层层包裹，无法自性彰显和元神归位，便是识神，即被染浊的元神呈现后天生命状态的就是识神。元神乃元精元气元神三元一体之纯粹精神，为纯净阳德，识神因染义而不纯净，故为识德。

太极识以染义如来藏识现行，因染而失圆明，因生分而执妄，执妄而牵迷，为染义种子所主，故因生分与执妄而有生分识，生分识因妄而生，又执妄而分，以此传导染义种子。当现行之种子生起现用，以人身联系乾坤而连贯起用，成先天内意识，先天内意识以统领之体，总领身心识与外四识，身心识与外四识依内意识而起用，成为眼识、耳识、鼻识、舌识四种外感识之识根，以联动识、根、尘、蕴交互作用和熏习。种子变现生起现行成主随之神气，识之发乃精为气用气动必是精用的精气动态。

何为生灭法则？乃由唯生识灭机理呈现的唯识生灭之法则，以及基于唯识而解构外、身、内诸事物之生灭过程，尤其是发生藏象系统内的唯识生灭与传导机理之法则。唯生识灭机理，基于唯识而知“识”之生，并以生生之过程而知灭，呈现诸识生灭之机理。知生，除知识之生外，更要知根本之生，乃大道恒顺生势定律下的生，而“识”之生乃神主气精呈识的现行状态。精气神在不同识域下的生生便是识的不同类别和状态，以精气神贯穿生生，呈现生灭的为识，所谓识灭，乃识系统基于识之生而言灭。生和灭二体之间，呈现唯识生灭相。

何为根本之生？生为大道恒顺生势定律下“道生之”的生，乃大道生生之健以道生德蓄本原集一切生变易而呈现的“生”。以生变易贯穿生生过程，而有生生之易道。在大道恒顺生势生化原理中，主要以因生而易与依易而化为内容。因生而易与依易而化的内涵又以生出往象为承载，大道生生之健的生变易“生”出往象，之所以有“道生之”之生，在于道生德蓄体性合相而真性彰显，因此本质妙用而妙有妙化的生。道生德蓄体性合相的大道具足清净、周遍圆明，以真如体如来义显金与阳的延展性，此延展性为阳蓄而大，阳大为元，自元阳之大而蓄积生动，成物形之与势成之顺生之势，乾元生生之健之势成，以此生生之健依顺而有“长→育→成→熟→养→覆”生变易过程，呈现从生的缘起到长育成熟养的生变易蓄积过程以及变易后显现的往象，这便是因生而易与依易而化的生化原理。它诞生往象，也基于往象。往象这个最基本的道生之单元生化后，就成为道生之生化属性下的“物形之”，并以往象的物形依恒顺生势定律而成势，随着“物形之”“势成之”在一定因缘条件下的和合集聚，再以道生之的恒顺生势贯穿，就呈现了乾道位域内的生化过程。大道生化原理下道生之动态，呈现了大道生化过程，从源生与流化，立足于往象，逐渐有了以道生之贯穿的三者九玄之气、先天五太的无极而太极过程，以及在圣态生化坤尘凡物。

识之生。负阴抱阳机理下的阴阳之所出呈现的精气神状态便是“识”的形态，立于三元一体的“源”言说阴阳属性的分化源头，从精气神染浊义言说阴阳分化，从元精元气元神三元一体生分出先天神（已熏的为识神）、先天精、先天炁三者。从太极浑沦相的临界状态而有真种子如来藏缘起与识种子如来藏识临界成为太极识种子库。真种子如来藏缘起为乾道在圣视野，识种子如来藏识为坤道在凡视野，两者临界，具足如来藏缘起与如来藏识为太极识在两种不同位域上的对待。如来藏缘起与如来藏识，被太极浑沦相统纳，故称太极识，可见太极识有净、染两者对待，立于净，生而未分为如来藏缘起，立于染，分后偱生为如来藏识。

依大道恒顺生势定律，有“太易→太初→太始→太素→太极”的无极而太极先天五太过程之生化，此过程元精元气元神三元一体，乃真种子如来藏缘起之净识，即为元神纯净识。从圣化凡视野下的太极浑沦相认识了太极识，并且明了在道母器程式所立的生化关系中，道域为具足清净，器域为无明染浊，器域坤地无明世界由太极浑沦相的母域依“母”性生化流变而来。太极浑沦相净与染临界赋予了太极识有净染两义，太极识“净”义为如来藏缘起，太极识“染（识）”义为如来藏识。在道母器程式以母域太极浑沦相所言说的生化关系中，从元神元炁元精三元一体到坤道在凡的动能流变神主气精态，以及人身的精气神所指，皆是返熏太极识起用与发挥作用。神主气精的精气神所指，与元神元炁元精三元一体具“浑沦”属性下圣化凡诸多临界态相比，无法以“元”义显如如来去的真如周遍圆明，其真如体如来义被无明障碍，因染义呈现无明。

圣化凡太极浑沦相上承清净如来藏，下启染浊烦恼藏，构成太极识种子库。从在圣的视野来说太极识为如来藏，从在凡的视野来说太极识为烦恼藏，它们为同一种事物在不同道元位域上的对待，立于在圣清净，太极识就为如来藏的一种内容和形式，称为如来藏缘起；立于在凡烦恼，太极识就为统摄藏的一种内容和形式，且为统摄藏中独特的种子库，称为如来藏识。综述之，太极识有净、染两种藏义，净义为如来藏缘起，染义为如来藏识。从乾道在圣域来说，清净如来藏里有清净藏、如来藏、如来藏缘起三类法身清净属性，故此三类均为如来藏在圣视野的作为乾圣道域的藏义表达，常以如来藏统称或代称。如来藏缘起与如来藏识皆为太极识的种子态。

太极浑沦相的净、染视野，呈现如来藏下的初始太极识态。如来藏缘起的真种子形态为乾道在圣的产物，为真如体如来义下的“真”，为清净具足的“净”，而圣化凡的临界从乾道位域流变为坤道，坤道遵循如来藏识“识”种子唯识变现法则，坤地无明为染，为浊。真种子的净义与识种子的染义交互临界，呈现初始太极识态，就形成了太极识在净、染两义下的两种对待，在净为如来藏缘起，在染为如来藏识。太极浑沦相下真种子与识种子以“种子”对待的两种视野，呈现种子库态。

染义太极识是有生灭的，因被无明所染并被妄所牵迷而执妄，故它是先天习气，为无明微细识，此识一类无记，受前七识诸法之熏，持前七识诸法之种，现在未来前七诸法一切现行，皆由此识所藏种子发起，为一切种识。此识能缘行相，极为微细，此识所缘外器世间，难可测量。此识无始以来，一类相续，常无间断，是谓为恒。念念生灭，前后变异，是谓为转。

生分识。精气神因生而分发生的神主气精的识状态，为生分识。神主气精之“神”，乃染义太极识，种子因妄而生，因识神主“我”而分，为成我之因，故生分识因妄而生又执妄而分，从生分而执妄。

太极识的精气神形态，分为太极生而未分万物凡源的精气神三元一体源体态，染浊义后分后循生临界与分生态，神主气精与精气关联的运相态，或简称为源体态、分生态、运相态。其中源体态中的精气神三元一体为元神元炁元精三元一体，是太极浑沦相中的“太极体一”，为万物凡立于太极体一的发端“源”。此源是形上道和形下器为界域来言说万物凡的源，在此源上，开展了道元位域的分化，形上道三元一体的真如义是一元，而形下器生而分有元神、元精、元炁三者。在源体态与分生态的精气神形态中，源体态精气神为元神元炁元精三元一体，分生态精气神为在分后循生的临界态为元神、元精、元炁三者，并依染浊义，而有先天神（已染的识神）、先天精、先天炁三者。源体态与分后循生临界态的精气神中的能量体为太素至精，太素至精为阳性仪和阴性仪的能量体，道母器程式中道域为阳性仪，器域为阴性仪，母为两者临界的浑沦态。伴随着分而生的出现，精气神就转换到运相态上。精气神的运相态为神主气精，识神“种子”主导气精运相运动，在运相态中的精气神形态呈现了神主气精运相运动，神为识神，气精运相运动为和精与和气精气关联义。作用运相运动让精气神发生生化转换的实质就是天人运相离一，天人运相离一，离是从源体态的“元”态万物凡发端之源起，来说生而分的原理。

在神主气精态下要强调识神种子的主导作用，唯识变现中唯的哪个识？就是真如体如来义下的元神从 “生生”阶段生的先天神，生而分后染义下的识神，识神如何能主导精气媾和的动态呢？诸多种子因缘经过和合集聚而各自起用，这就是识神能“主”天地构精和精气媾和的主要原因，也是唯识变现体现在十二因缘中的“无明缘行，行缘识，识缘名色”的现行生起过程。如果把无明缘行和行缘识中的“行”看作是天地构精与精气媾和状态的话，那么无明与识就是先天神经过生生与生主过程后，流变转换为识神的形态。如果把十二因缘无明→行→识过程中的“无明”看作是“生生”阶段的先天神，把“识”看作是“生主”阶段的识神，那么“行”则是由先天神向识神流变转换过程同步的天地构精与精气媾和态。而先天神与识神的“源”则是“无明”所指的太极识。依据唯识中十二因缘无明→行→识过程，围绕“行”的精气关联的视野，循“行”之因，有内在因作用。立于先天，以神主气精的运相，呈现了天人离一，在人的生命命象形成过程中，伴随每一次神与气精的转变，以精和气在位域流变转换实质，呈现人体命象与先天的人天分离——天人离一。有天人运相离一，天人藏象离一，天人命象离一的三个阶段。

先天内意识。怎样来界定与划分先天识与后天识呢？凡夫境以及一切万法皆为诸识变现所禀受赋予，完全被妄识种子所支配，呈现三世两重因果。在十二因缘“无明、行、识、名色、六入、触、受、爱、取、有、生、老死”中，此十二支各前者为后者生起之因，前者若灭，后者亦灭；此十二支中，其前者与后者构成先天与后天关系，一刹那间心中具足十二支刹那缘起，其十二支连续不断形成前因后果之关系的连缚缘起，又有三世两重因果的分位缘起和十二支连续缘起可隔多世的远续缘起，故把十二因缘直接理解成前者为后者因。十二因缘中，“六入”在母胎十个月中由“名色”渐渐成长到六根完备，于出胎后对六尘境有互相涉入熏习的作用，从而有根、尘和合而成“触”，成为出胎后六根与一切外境之联系。依眼根、耳根、鼻根、舌根、身根、意根所接之尘有色尘、声尘、香尘、味尘、触尘、法尘六尘，以人身来说，相对于六根之内，而有六尘于外，此时的根尘和合为种子与现行交互因生果、果熏因的关系。何意呢？就是六根的种子便是含藏识（太极本识）通过我识（生分识）的直接转起，而六尘也为太极识从境相升起唯识所变现的现行世界；六根尘和合便是从本识中转起的种子与现行的宏观相，在根尘和合后，其根尘的果又熏习本识，产生受、想、行、识、果熏因过程，成为后天识。在后天识之前，六根尘依根本识生起的种子与现行的禀受赋予均为先天识。所以把根尘和合这一阶段以内外而分先天与后天，则是在一个合理的探讨范围。

十二因缘的过程都是“识”系统的生灭过程，从大因果上讲都是前世因现世果，但立三世两重因果上讲，“无明”至“有”为因，“生”与“老死”为果，故立一重因果，然因与果必须异世，从而立二世一重因果。“无明”与“行”是过去世诸烦恼造业时之分位，依此过去世之二因，心识托生母胎，从“识”至“名色”“六入”“触”到“受”为现世之五果。所以从“触”阶段开始，自“触”到“受”便有现世六尘境相互涉入熏习作用。从“无明”至“受”此七支亦总称牵引因。自“受”后，“爱”“取”“有”三支为因，能生未来之“生”与“老死”两支。在十二因缘的三世两重因果中，无明→行为过去二因，识→名色→六入→触→受为现在五果，爱→取→有为现在三因，生→老死为未来二果。从“受”而言，把过去二因与现在五果作为牵引因看作先天识，而把现在三因与未来二果作为后天识。这是宏观的先天与后天之界说，但一定要注意宏观的十二支要立足于微观的现量，在现量传导过程会发生受、想、行、识微观过程，它是熏习所在的根本后天境。内外六根尘和合，成为有后天业种子的作用及产生之所在，含藏识（太极识）种子库里的六识（眼识、耳识、鼻识、舌识、身识、意识）发动六根而接触六尘，内外根尘和合作用，通过色、受、想、行、识五蕴，从而发生十二因缘中的“触、受、爱、取、有、生、老死”关联。

含藏识（太极识）种子依我识（生分识）转起而有万法及宇宙间一切的唯识变现，这是一切的根本总因，在生命形态上叫先天禀受赋予，这是一条总轴，是全时空一切坤尘无明世界的总和，在这条总轴里有十二因缘这条主轴。在立三世两重因果的十二因缘里，从触→受之前的牵引因看作是先天识，受→有→老死看作后天识。后天识为内外六根尘和合作用，从而作为先天识的果成为下世的业因。如果不想受业识牵引而轮回轮转，就得认清后天识，从而断现世诸烦恼，入十二因缘还灭门，把下世业因斩断。从根本而言，只有如来藏自性一真相，其含藏识（太极识）生起的现行世界为幻为妄，不见性，不以自性觉照，其唯识的世界就永远在五蕴妄想境里颠倒妄想，只不过既有现行过程又有现量结果交织在一起。

在十二因缘里，过去世的业“识”投生为今生的神识，后在母腹中，心物和合胎相初成为“名色”，从胎形到胎体长成的眼、耳、鼻、舌、身、意六根完备，此时根尘交互作用，为“六入”，出胎后，根尘和合作用成“触”，根尘和合反应在违顺境界上而生起苦乐之感“受”。从“识→名色→六入→触→受”，便是六识六根尘这十八界与五蕴的交互关系，这里的过程有神识入胎、胎儿发育以及出胎生育和出胎后与外界发生关系的整个过程。六识六根尘和合作用的五蕴境，便是后天识的造化场，同时也是先天识的演绎场，人内外世界或宏大或细微的任何一切，都在这十八界里生生死死。从六识发动六根而触六尘，六尘又熏习作用六根，去由六识了别与分别产生因缘种子的记忆，再从六识的记忆中显用，生起六根贪取六尘，从而善、恶、无记的一切种子交互回熏，将轮回轮转进行得周密无缝。

五蕴和六识六根尘是什么关系呢？不难看出在五蕴中都有六

根尘的直接作用，从色蕴上说，以根内尘外而分为内色与外色的五双色，也就是根境与尘境之极微和合积聚。在受蕴中，六识与六尘相应而有六受，眼识受色尘，耳识受声尘，鼻识受香尘，舌识受味尘，身识受触尘，意识受法尘。在想蕴中，意识与六尘相应，而有六想，意识着色想色，意识着声想声，意识着香想香，意识着味想味，意识着触想触，意识着法想法。在行蕴中，意识思想诸尘，造作善恶。在识蕴中，六识于诸尘境上，照了分别。可以看出，凡夫的一切心行不出五蕴，而五蕴中又犹以六识六根尘交互作用与相互熏习。

根→尘→识程式，凡识所起，必有所依，前五识依于五根，第六识依于生分识，生分识所依的为太极识，这便是“依彼转”，依是依止义，转是流转义，为相续、转起的意思，依彼转中的“彼”，指的就是太极识。所谓是八识心王及其心所，皆有所依，生分识是第六识的近所依。前面五根对五尘，而生五识时，通常是一个了别的状态，是未生分别的，那么生分别的是什么，是了别的识之后依然对境有连续的心念，这个连续的心念就是了别识生出来的分别识，这个分别识，带有“我”的思量分别，这便是生分识（也称我识）。恒审思量的我识分别，为自无始以来，微细相续，不用外力，自然而起。此识恒与我痴、我见、我慢、我爱等烦恼相应。

第六识的思量是依于生分识，而生分识的恒审思量就能充分地作用我识分别，所以第六识的分别带有第六识和生分识的共同作用。从意识、意根、法尘三者之间的交互作用和熏习来看，意识（第六识）依意根了别法境，意根对法尘又能产生意识，而法尘又是第六识（意识）所缘的对境，是过去、现在、未来三世的一切诸法，又能染污意根，从而从了别上加以分别，而生我痴、我见、我慢、我爱等相应烦恼，这种了别加以分别以及所生起的相应烦恼，就是第六识意识的思量以及所依的生分识思量，这种思量，就产生了想（意识的思量作用），想的六想和合积聚而有想蕴，从而启动了想→行→识过程，在过程中和合积聚就又有了想蕴、行蕴、识蕴，这个识蕴中的意识，从而就有了我们所关注的后天意识。意识→意根→法尘三者之间的交互作用和熏习中，在意根对法尘了别与分别前参与的意识，我们界说成为先天意识；由先天意识了别与分别后从想→行→识过程升起的意识，为后天意识。

识、根、尘、蕴交互作用和熏习所导致的只有无明越来越甚，这其中或更有恶业加重，且六尘境遍污六根，犹如盗贼，劫夺一切善法善念，昏昧真性，所以一切要领就在于找到打破无明的方式和方法。通过对意识作用意根与法尘，乃至在整个识、根、尘中的关系，以先天与后天之界说，明晰了意识在五蕴中以及十二因缘发展中的独特作用，然后再围绕“受”在五蕴以及十二因缘的时空位置，看到由先天意识了别与分别后从想→行→识过程升起的后天意识。

身心识，为心脑所主的后天意识，为“我”的主观思量和身的客观反应，被先天内意识所主，且有识、根、尘、蕴交互作用和熏习，以心脑主导而主眼识、耳识、鼻识、舌识外感四识，常为外感四识之根；因心脑主导而有人脑三界构以及人脑、心络脑、肺肠脑之意识三脑，以此形成思量与传导系统。身心识与外感四识在身内传导系统为脏腑十二官连同十二经络。

人脑三界构之有极界，也称为有为界，在藏象领域为左界构，在人脑生理生命领域相联系的为左脑（左阳脑），以物质为实以及精神为虚无的认识论为常态，呈现在“神”形态以六识对六根尘的先天意识禀受业因，以及后天受、想、行、识返熏，共同构成神意相火。人脑三界构之太极界，也称为无为界，在藏象领域为右界构，在人脑生理生命领域相联系的为右脑（右阴脑），以物质和精神兼顾并以精神为实有的认识论为常态，呈现在“神”形态对比有极界的神意相火而有心神君火，呈现以生分识恒审思量以分别而能传导六识，以及传导后依六识熏染形成记忆，同时也是六识所在的有极界以我识传导形成我执与法执之所在，并能据七识传导与思量转识成智。人脑三界构之无极界，也称为无不为界，在藏象领域为中界构，在人脑生理生命领域相联系的为中脑（至阳脑），以我执和法执为妄以及真如清净为实有的认识论为常态，无极界从染浊的太极浑沦相（太极识染浊义）转识成智，由识神飞升跃迁为元神，从而打破无明，把“神”形态的能量体方式从心神君火转换为真如光明智，呈现为至素至精，生命形态彻底摆脱无明染浊而具足清净。在太极界右界构生分识分别并有记忆本质的基础上，无极界的中脑和中界构是生分识观照直入太极识的场所，可将无明染浊转化为真如清净光明智。

左脑受先天业因布局并依识根尘支配而作用意识外象，而左界构为主导并支配左脑意识外象，两者皆接受业因禀受布局，以及意识外象皆从此出，成为颠倒的根本；右脑以独特的记忆功能，参与左界构向左脑做先天意识传导，并以记忆来控制现行现量，以及业习返熏，成为执着的根本。

右脑以传导意识和业识存储的独特的记忆本质构成执着，它指向了有极界心神君火所在的生分识（我识）分别之功能，在右脑联系左界构参与业因布局，这个业因布局的过程就是从和合集聚业识种子诸因缘开始传导，从右脑传导给左界构，这个过程是生分识在起作用，是生分识（我识）的分别。如何起分别呢？就是把和合集聚在一起的业识诸因缘通过分别按眼、耳、鼻、舌、身、意的类别来分类，把分类好的六识形态传导给左界构。如何“通过分别”来分类呢？就是识根尘和合作用发生在“我”的恒审思量，生分识通过恒审思量对诸业因缘来按眼、耳、鼻、舌、身、意的类别来分类,就等于分类机器一般,把一船混杂不堪的杂物分类好，这也就是为什么依生分识恒审思量作用以及传导功能，去把生分识称为我识的缘故。由于有“我”在，生分识成为染浊烦恼的执行官。右脑生分别后，就传导给左界构，在左界构的业识因缘就构成了六识与六根尘具体的类别形态,然后再把它们传导给左脑，构成左脑的意识外象，从而有了人脑中的思维与意识。生分识分别后在左界构再传导，就是第六识意识和生分识共同主导（以生分识为主体）的了别，就有了右脑生分识分别和左界构了别构成业识因缘现行，而左脑构成六识现量，形成右脑生分识分别→左界构了别→左脑六识现量程式。

意识系统中，先天禀受六识与识根尘交互作用产生返熏的后天意识，共同组成人脑意识之内容。无论是先天六识还是返熏后天意识其传导动能皆为藏象精气态下的意识动能——意识电。意识电是“神”主藏象气精在人体生理上的反应，人脑意识电通过六根对眼、耳、鼻、舌、身、意六识在人体生理上的起用。对比人脑意识系统作用精神相域来说，心络脑意识系统作用人体生理所在的物质域，心络脑意识系统作用的人体物质域主要分为肉眼可见和肉眼不可见的，可见的就是人体的组织器官，不可见的就是脏腑机能，它都是心络脑意识系统作用的范畴。

心络脑是基于心绛宫与内丹田中的精丹田和外丹田的气丹田三者结合，并与人体生理生命发生关联形成意识传导系统，但并非直接传导，而是在人体生理结构中围绕心包络和心脏发生的意识传导，最主要的传导形态还是基于心包络和心脏的生理机能，以运化精气态作为能量体方式来传导。

肺肠脑是基于命门宫与内丹田中的气丹田和外丹田中精丹田三者结合，并与人体生理生命发生关联形成的意识传导系统，肺肠脑意识系统作用机理为在人体的肺部和肠腹部的生理体征活动场所，完成先天意识并产生后天意识返熏的过程中，产生微生物电从而形成以五毒为代表业习记忆，并转换为人的习气性格。简单地说，肺肠脑是在人体生理体征活动现场，以人体中的微生物反应，激发了人体生理体征中业习记忆而形成的意识系统。

综述之，人脑六识传导系统以藏象精气为能量体方式，通过藏象精气能量体方式作用下意识动能——意识电形成载体，并构成六识传导的通道，它依赖于人脑三界构的先天禀受；心络脑传导系统以运化精气态中的生理动能为能量体方式，通过人体生理动能——生物电形成载体，并构成围绕人体的生理动能活动场所，它依赖于心脏动能机理以及生理运化精气；肺肠脑传导系统以运化精气态中的微生物能量供给为能量体方式，通过微生物与业习共同作用而形成的生物反应——微生物电形成载体，并构成微生物的不同业习之所和业习记忆，它依赖于运化精气中的微生物能量供给以及微生物业所的环境。

意识三脑传导的右降左升螺旋形态，第一，为右降，右降为右旋螺旋下降，为位域下降以及动能减弱，体现在通过右旋螺旋下降传导，意识电域联系到心生物电域再传导到微生物电域，动能状态也从意识电的生化动能减弱成运化动能，而步入物质领域。第二，为左升，左升为左旋螺旋上升，为位域上升以及动能增强，体现在通过左旋螺旋上升传导，从微生物电域联系心生物电域再传导意识电域，动能状态也从运化动能增强升高到生化动能，而步入唯识领域。第三，受先天因缘秉受与布局，先天意识随唯识现行而启用传导到人脑后，依六根对六尘，就进入了现量的后天界域，必须是右旋先降；产生了六识传导的并结合人体生理作用后，通过受想行识之过程，才在现量产生返熏，进入后天范畴。意识电传导右旋先降通过受想行识反应，产生了后天意识的返熏，返熏的传导就是左旋上升，因为只有升到意识电域才能进入业库在三世两重因果中成为未来果的现在因。第四，右降先天禀受赋予在先，依先天禀受赋予而产生生理机能反映的左旋返熏在后。除开初始的右降先与左升后之外，以因缘生灭法，六识系统的传导呈现在六识六根六尘的交互关系上，立于人体现量的宏观来说，右降而左升又有同步时空性的属性。在右降而左升的同步时空性上结合先天与后天的传导过程，就呈现了双螺旋传导与返熏结构。此双螺旋传导与返熏正是因果生灭的动态呈现。

六识传导与返熏发生能量体动态过程，从六识先天禀受并布局传导，自意识电敕令肺魄启动精气运化，而且是发生五行之藏（五脏六腑）的联动。从意识电敕令肺魄动而启动心生物电，心神联动，以此来联动的肺官、心官、肾官、肝官、脾官并启动的五行之藏所在的五脏六腑，也由此启动了精气运化与升降，通过精气运化与升降在人体经络系统的联动，生理生命就这样被统御主导和启动。六识传导与返熏的过程中从意识电敕令肺魄并启动肺官以降，这里说肺魄是为了方便理解肺和魄的关联，而实际上在六识传导上，为意识电敕令五藏神的魄，由魄关联肺官，同样以神关联心，以志关联肾，以魂关联肝，以意关联脾，形成由五藏神作为源流载体来启动五藏之官。

自性君子尽性了命，当治天下归德，从内证精气神亦是治身之德政而言，一切外境皆妄识变现，自性君子内外同明，炼神还虚转细微妄识成智可打破无明而证自性大光明，故染义八识皆能去妄存真而得至德纯净识。从妙智实相而言，第九识至德纯净识亦为实相净识，以合相统御第八识太极浑沦识、第七识执妄生分识、第六识先天内意识、第五识首脑身心识，以及外感身四识（眼识、耳识、鼻识、舌识）。

从九识系统而言识德，第九识为至德纯净识，以妙智实相而真妄皆同。第八识为太极浑沦识，有净染二义之浑沦相，立于净生而未分为如来藏缘起，立于染分后循生为如来藏识。第七识为执妄生分识，因妄而生因执妄而分，有我执与法执而执妄。第六识为先天内意识，以统领之体总领意识与身五识。第五识为首脑身心识，以心脑思量而有藏象六识传导。眼识、耳识、鼻识、舌识为外感身四识，以脏腑十二官连同十二经络以精气传导之，在藏象系统传导与反熏以五藏神主导生理生命。

# 外王卷

生化之性曰玄德

法性之母曰圣德

天地之机曰用德

阳善之政曰盛德

实相之简曰至德

# 卷之言

## 法性贯通化外王

法性如何贯通？大道体性合相同体承载贯通在圣、圣化凡、在凡、凡转圣之周易易周所有过程，以生生之健本原，具恒顺生势，以此生化万物，之所以有万物之生化，在于九易法则所主，更在于诸法的本性——体性合相——无所不在的法性贯通着至微的往象与道生之大象。

大道体性合相生化成道大、天大、地大、王大而有道域、天域、地域、人域道体四域以及玄德、圣德、用德、证德的德性四体。法性在各个位域与程式阶段，便显化出玄德作用道域显“生化”特性，圣德作用天域显“母”特性，用德作用地域显“乾坤”特性，证德作用人域显“精气神”特性。圣德以法性之母显“母”

特性并主导九易法则，九易法则作用在圣、圣化凡、在凡、凡转圣之完整过程，呈现周易易周本体程式，在道母器程式言圣化凡，太极浑沦相上承无极而太极的先天五太在圣域，下启生万物的后天五生的在凡域，且呈现独特的“母”域太极浑沦相。

言志明双用证内圣，便要知其周乾易坤执妄迷失如何来的原理与过程，才能正阳进德来正坤返乾，除执妄迷失如何来的过程外，还有明了从生化源起到圣化凡的大道生化本理，尤其是人统乾道与坤道于一身的天地人三才之机，才能据精气神界域流变天人离一过程来合道，从而内证精气神正阳进德最终天人合一自性彰显并元神归位。藏象生命系统以全息元象斗罡授时联系乾坤二道，且以往来阖辟交通往来而呈现天地人大运相关联，此关联便是精气神界域流变过程；从精气神界域流变联系天地人内外，人体外时空的大运相周天度数与人体内时空的全息元象内历法，共同形成天人合一全息元象。

如何全大体化外王？自性君子经志明双用证内圣，当以内圣之自王化天下治天下归德。从全大体言治理，便是通过构秩序、系君子、养大正后，内圣君子以治道之小乘行阳德普施全大体求大同之大乘，用德教十政行王化之道，从而以阳德固其内和德教治于外而内外合德，从而教天下人化无明且转识成智，出现盛大丰有而无所不有的“大同”化境。

大君子的大乘之进。诸圣贤与大君子肩负执天道行王道拯剂明夷治理暗众之大任，以全大体的德政治理进入阴妄诸难体，以纯粹精神且抱元守一的内光明，刚而化外，照外以大明；大君子的大乘之进，转化之首要便是教他人成为君子，使君子群体壮大，让每一个养德有成的君子都有济天下苍生脱难之志，再从内文明而外应难的解题思路中进善政，化德教于外而言大乘治理。

大乘德治在于乾坤同治，六十四卦以体时位之全体共同呈现方圆时空，六十四卦之治理，卦卦言大乘，爻爻通全体，观易之全体，实乃以道→法→术→用之王道系统而行王化德政。乾坤同治的基石在于众君子与共同治。君子则是贯穿建序与全大体之德政的重要枢纽，无君子之担当和作为，便无以建正序，更无以践行德文明丰有而大同之理想。正是通过健身德之正位、明德之正位、志德之正位、交感之正位、养正之正位等治君子过程，方能赋予随君子升格而有德政扬升之实质，使君子成为谱写治道文明之利器。君子与德教程式图，秉道体德性之本，围绕“德”的修证与教化，赋予君子之使命，再以君子之质地行德化，赋予德文明之使命，无不都在践行正大之事业与全大同之理想。

大乘德治化简而出无不是君子健身德进位德，治明并升志，内能正固阳德，外能行德政教化，内外能精气交感而以神感通，执养正之功蓄养内外，以正固之利使阳刚壮盛且德裕盛大，终通其道体德性而治大明，大乘德治下的任一之治道，既有小乘治道之利，又有大乘之德教之全，使其能全息交易内外时空而至微至彰全时空显达万物，从性法象合相见本体实相。

性法象合相化简而出取象三画卦而演化八卦，从先天八卦周而易过程以及后天八卦易而周过程,共同呈现周易易周本体程式。言象由性显，必然要明取象用象之理，尤其是象背后之法则与法序原理，方能从象思维入象系统，再深入本体上言见性。

# 玄德篇

## 生化之性曰玄德

何为玄德？生化之性曰玄德；大道体性合相同体承载为生生之健本原，具恒顺生势，以此生化道母器程式下的万物。大道体性有道体四域并德性四体，其中无极体在玄德性作用下体性合相而有生化之源起，从往象至微单元贯穿道生之大象，呈现乾道大生和坤道广生的源流变。

从“形而上者谓之道，形而下者谓之器”来界说上、下之界，有道域和器域之界说，立于道生德畜本原而有体性本质的为“道”，立于本源而生化天下万物为“器”，从道域生化器域的生化临界态为“可以为天下母”的母域，故有道母器程式。道母器程式中，在圣为“道”域，圣化凡为从道域联系“母”域生化“器”域的生化关联；在凡为“器”域，凡转圣为从“器”域打破“母”域升华到“圣”域的生化关联。

何为道？“道”以其无所不包、无处不在、纳一切时空性而独立不改、周行不殆，并以其自然性并因果性主导与运转着万物，莫之能说，却又处处可说；虽处处可说，又处处说不尽妙处言不明真机。莫之能说，故“字之曰道”，借语言、文字、思维见识之形与象，以能说和所说之用，来强为名并述之于“道”。使“道”主导并运转万物，显所有能说与所说的就是德——大道之性，道德合相显能说之体和所说之性。道本无名相，以能说和所说之用，以“道”来命名并述之于形象，其相对于名相“器”而言，“道”以能说之体和所说之性，而主导“器”的能说与所说。从道母器程式可知，道，为本，显所有能说之体和所说之性；母，为形，为道以生化本原之所以能生化之法性和法则；器，为型和象，因生化而有能说和所说之用。作用道之所呈，能显各种是有是无、非有非无、即有即无、含有含无、一切自如来去彰显，不在任一处落脚，却能达任一之处的真面目的——就是德性。

德，性也。为“道”所纳、所显一切之本性。道纳德之性，德合道之体，道与德体性圆融并合相如如，常称道体德性。万物尊道贵德，全提道德。大道体性合相生化成道大、天大、地大、王大而有道域、天域、地域、人域道体四域以及玄德、圣德、用德、证德的德性四体。通常言“道”时多指道体，言“德”时多指德性。玄德作用道域显“生化”特性，圣德作用天域显“母”特性，用德作用地域显“乾坤”特性，证德作用人域显“精气神”特性。

形上道，乾藏界真如体为“上”，称为“道”，以乾藏界联系道域，“道”域体因圣德性作用，故为在圣；形下器，坤形界凡尘器物为“下”，称为“器”，以坤形界联系器域，“器”域体因用德作用，故为在凡。从道联系圣与器联系凡来说，立于道生德畜本原而有体性本质的形上道为精神范畴，立于本原之源生化而有流变之果的为物质范畴，源在上，流变在下，乃尊卑之位。从形上道与形下器本质出发，形上道乾性如来藏界为精神域，形下器相虚唯识因缘界为精神相域，以及坤形器物界为物质域，在性与色的对待上，色的生，为具足“母”生万物特性的精神相域依性而生，“母”域是性与色的临界态，为太极浑沦相，以及唯识领域的太极识。

大道恒顺生势之“道生之”，有生化本质、生化原理、生化过程构成恒顺生势的基本内容。大道生化本质为道生德畜大道生生之健本原，因大道本原才有因本原的“生”源，这个生源记为无极体源起，故无极体源起只是生化本质中道生德畜本原所生的内容和所显的形态，道生德畜本原又是什么呢？为大道无极体与玄德性合相同体承载彰显无为而无不为大道真性，以此无为而无不为真性的道生德畜本原为大道生化本质。

道生德畜本原为大道生化之“源”和生化本性，亦为生化源动能，而产生大道源动能作用的便是大道无极体与玄德性合相同体承载彰显无为而无不为大道真性——道体德性合相，亦为大一元广三元道元合相，有此大道本原之作用，就构成了最本质形态的“生”源，大道依此而“生”。所谓道生德畜体性合相，“体”为无极体，“性”为玄德性，体性合相显无为而无不为大道真性。无为而无不为大道真性作用道母器程式之整体和所有生化内容，故德性四体皆为无为而无不为大道真性的具体内容和形态，玄德性乃无为而无不为大道真性在无极体的具体内容。

道生德畜体性合相下的生生，乃大道源动能作用下“生”的源起，构成了大道恒顺生势之道生之，由于道生德畜体性合相不生不灭——大道源动能的恒定，故而有大道恒顺生势道生之定律。换言之，道体德性合相就是大道恒顺生势道生之定律本原。

《道德经》曰：“道生之，德畜之，物形之，势成之。是以万物莫不尊道而贵德。道之尊，德之贵，夫莫之命而常自然。故道生之，德畜之，长之育之，成之熟之，养之覆之。生而不有，为而不恃，长而不宰，是谓玄德。”

道生德畜体性合相的大道具足清净、周遍圆明，以真如体如来义显金与阳的延展性，此延展性为阳畜而大，阳大为元，自元阳之大而畜积生动，成物形之与势成之顺生之势，乾元生生之健之势成，以此生生之健依顺而有长→育→成→熟→养→覆生变易过程，以“覆”生成的临界状态为立足点，而呈现从生的缘起到长育成熟养的生变易畜积过程以及变易后显现的往象，这便是因生而易与依易而化的生化原理。它诞生往象，也基于往象。往象这个最基本的道生之单元生化后，就成为道生之生化属性下的“物形之”，并以往象的物形依恒顺生势定律而成势，随着“物形之”“势成之”在一定因缘条件下的和合集聚，再以道生之的恒顺生势贯穿，就呈现了乾道位域内的生化过程。

在“因生而易与依易而化”大道生化原理恒顺的生化过程中，便有了源——生与流——变与化三者一体的生化过程。源，为道生之中“生”的本原和本质的发源，常特指无极道体之源，有了无极的源以及道生德畜的本原，而有道生之，以此起“源”的生，便是源与生的交互圆融同体承载。正因为“源”与“生”同体承载以此发端，而有长育成熟养覆的物形之道生，顺延道生而有势成，这个过程便是流与化的形态所在。所以“因生而易与依易而化”大道生化原理下的源——生与流——变与化三者一体之生化，成为大道道生之动态。

无极体在玄德作用下而体性合相，由“生”的源起，以此生生。大道生化过程由微观基数阶→变化阶→道生之单元阶三阶四象结构组成，构成道生之基本单元。大道生化原理三阶四象结构中，微观基数阶为“长→育→成→熟→养→覆”过程，其中长，为道体与玄德合相畜阳而长；育，为阳长而积便育；成，为育阳畜积成大；熟，为阳大生延而阳势成熟；养，为阳大势成再继续畜积而养；覆，为阳畜有成而变易；故“长→育→成→熟→养→覆”过程便是道生之生变易之过程。变化阶为生→变→易过程共同呈现的生变易在“覆”临界态出道生之的实质。道生之单元阶为道生之基本道元往象生化形成。自大道本原生化本质下的“生”源起，经过生生之健呈现的“长→育→成→熟→养→覆”的生变易过程，生成往象基本单元，往象为道生之基本单元，一切至微与至彰的生皆基于此。

由大道生化本质和生化原理共同作用而彰显的大道生生之健为大道恒顺生势道生之定律，也叫恒顺生势定律。在大道恒顺生势定律生化基础上，由道生之往象呈现一切大道体性内容，大道一切位域阶段的体性皆立足于此。生与化的关系为因生而易与依易而化。大道恒顺生势，因道生德畜（体性合相之无为而无不为真性，也为玄德作用无极道体）本质而有道生之，“生”为微观基数阶“长→育→成→熟→养→覆”过程呈现的生变易的“生”，生是贯穿化的主轴，道生之的恒顺生势，生到了一定阶段就会出现“化”，即圣化凡，道域生化器域，从内容上说即为无极而太极先天五太阶段（太易、太初、太始、太素、太极）的太极阶段。

由往象呈现的道生之，为大道体性最微观的生，称为道生之往象单元。什么是往象呢？大道体性合相恒顺生势定律下的道生之在“生生”之健上呈现的时空延展性的象，为往象，往象是道生之大象的最微观单元。“往象”出自《道德经》“执大象，天下往。往而不害，安平泰”。为道生之已生之象，乃生生而易之过往。

大道莫之能说的体性合相，就是道生之大象，和真如体如来义一样周遍圆明，为十方圆明态，而往象则是视野落在大道体性最微观的生上，道生之大象为整体观之至彰，往象为生生之健的基本单元，为至微，有大象呈现十方圆明之至彰与往象呈现生生之健的至微，莫之能说却处处可说的大道便能借往象来言之。虽言“象”，并非可见之外象，却是大道真性作用下的性象，大道恒顺生势之定律，更是基于至微至彰全时空显达性的表达，至彰与至微兼顾具足。十方圆明而至彰的大象为离一切相的无所住真心，不落一处而又达所有，尽显一切可显之象。这一切可显之象是依大道而生，道与德合相的恒顺生势，此恒顺生势为大道常自然的必然性，其必然的“生”因大道纳无为而无不为真性，在无为而无不为真性里有玄德性作用无体体，成大道源动力，可见道生之的“生”为常自然态的必然生势，为大道恒顺生势定律，呈现道生之大象。大象必基于往象至微之生化且由往象贯穿，道生之的大象均由往象显至微至彰同步时空显达性，在乾道呈现周遍圆明如如来去的大生，在坤道呈现广生。

恒顺大道之生化，就会发生根本形态的破位域变化，为道域生化器域，从而道母器程式关联形成，立足于道母器程式，在道域生化器域道元两仪原理转换下，就构成了道域、母域、器域三者。作用发生位域升降的就是生化动能。道母器程式的生化过程，构成了道域之性生化器域之命，故道域为器域的生化之源，而器域为道域生化的流变。源，在这里特指无极道体的本源，此本源为大道恒顺生势道生之中“生”的本原。在道母器程式中，我们说形上道在圣的精神域为精神相域和器域的源，把如如来去的真如体在圣态作为天下凡的源头，从而以此生化关系而有母域和器域的顺生，但我们描述的道母器程式的“道”域也有一个源，为无极源起。

立于道母器程式而说生化之源，为无极道体之源，以及基于无极道体而起源大道本原。因本原方才有“生”源，本原为大道本性、真性上的综述，它是体性合相的一种存在也是大道本来最精深、最玄妙、最不可言说的如如，有此本原的大道真性妙用，才有本原真性作用后发生变化的开端，即为源，故本源为本原的妙显，本原为起源开端成本源的同体承载的真性。本原在所说与能说上体现为道生德畜的合相，为大道的体域（道生）和大道的性域（德畜）交互圆融同体承载，生的源头为德性的阳畜，道体显金与阳的延展性，为玄德妙显的“生为长”之性，以此发端，而有长育成熟养覆的物形之道生，顺延道生而有势成之，大道恒顺生势。源含义所指的是无极道体的源，往往在界说位域的视野里，“源”可以理解为下一个位域与上一个位域产生联系的发端，指向一件事物发生在联系上的来源，从来源处因生化而产生的延展性联系，为流。流者，动也。动，就是大道依道生之的“生”而动，言生必有动，从最微观的形态来看，动的发生，是生变易的延展。

道体至阳金性，显金与阳的延展性，此延展性为阳畜而大，阳大为元，自元阳之大而畜积生动，成物形之与势成之顺生之势，从阳畜而大且畜积生动，有畜阳而长之“长”开始，“长→育→

成→熟→养→覆”过程，都是“动”的发生，且是依生的延展而动，在生的延展上对比生的延展之前的状态，呈现“流”的含义。生、流、动以及生变易的每一个微观的变化、延展、流变、位域间的转换，都是由变所贯穿，道生之恒顺生势生化发展的一切，又以“变”义承载。源、流、变为贯穿道生之过程呈现的生化形态，是基于生变易微观过程后的宏观发展。从道母器程式来说，大道从无极道体为源头，在圣的道域为源流，它呈现在源流动态集合为元亨利贞圣德周行，乾元→亨→利→贞圣德位域变化，从源流联系多位域间的就是流变，流变多用于位域间转换，比如圣化凡的转换为道域生化器域的流变。

从道母器程式而言，从道域到母域再到器域的生化联系就构成了界域和界域之间的必然关联，称之为界域整体。在整体观的生化联系中，又必然要依赖于界域内的生化过程，它构成了界域内的生化状态的发展，成为界域内视野。发生界域单元集合变化而形成跨界域源流变关联的界域整体为道元。道元由界域整体形态和界域内集合形态两种根本形态构成，在两种根本形态基础上，界域内集合形态由一定数量的界内元集合组成，成为常态形态。生的生化源流变联系的界域整体，就联系了道元义。“道”一定是要基于事物最本质的形态，也就是本原；“元”可以看作视野单元，每一个视野单元就构成根本中心和本原，事物就在此“元”态基础上产生联系，故“元”态是可建立在微观或宏观的弹性调节上的，但元的弹性调节一旦发生了超越界域内源流变关系，就发生了跨界域联系。跨界域联系就发生了道元界域的转换。

在道元的两种根本形态中，从本原的源起联系所有源流变集合的界域整体，构成大一元；从某一界域联系跨界域，以及两者发生生化关系的界域，三者关联，就构成了广三元。如果把大一元归为大道本原，那么广三元则是大道本原下的三者生化形态，为大道三种根本内容，为宏观的界域集合，它是大道整体以两仪原则一分为二并结合两仪浑沦相的三者，而有广三元。广三元为何要强调宏观界域的集合呢？为集合界内元之整体，使其成为形上道域、浑沦相母域、形下器域三者。广三元是大一元的生化产物，在生化过程中蕴含了两仪之二，构成了一生二、二生三的生化形态。大一元是大道本原，从大一元生化广三元三者，可以把大一元看作道母器程式整体，而广三元三者可看作道、母、器三者，在广三元义下，道、母、器三者中任何一域的具体内容的单元就是界内元，所有界内元的集合构成广三元界域。立足于自身界域所发生的界域源头的跨界域联系，就构成了界域转换。大一元和广三元就构成两种根本形态的道元观，这两种根本形态的道元观就是形上道界域和形下器界域。

大一元和广三元以及广三元下的常态界内元共同形成了道元形态，两种根本形态与常态形态的集合（合相），就是大一元广三元道元义，简称大一元广三元，当分开表达时则用大一元或广三元。大一元广三道元义，为界内元集合组成的广三元与大一元发生跨界域联系，在界域整体发生源流变关联，从而形成全域整体。在跨界域源流变关系上，就构成了大一元广三元全域整体。从而就能以大一元广三元道元成为道元论之主体，以全域整体兼顾了所有道元内容。从道域、母域、器域的关联上来说，就形成了道母器程式整体与道、母、器三者的集合，构成大道本来道元合相的大一元广三元，即道元合相，立于大一元而言说广三元的，则为大一元而广三元，即道元实相。通常由于未触及大道本原，大多立足于形下器的广三元范畴。从界域转换来说，大一元为根本界域，而广三元为应用界域，从道域、母域、器域三元三者来说，道元、母元、器元构成广三元内容，且在广三元应用界域里又以形下器的器元为世间视野。从形上道和形下器来说，就有道元为上元，母元为中元，器元为下元。在广三元里，界域内按一生二、二生三之生化，又有三分，就构成了广三元下的三元三化之九者。

如果把大一元看成道母器程式整体的“一”，那么广三元则是从整体之“一”生化为道域、母域、器域三者之“三”，根据道母器程式中生化源流变关系，广三元为大一元的生化产物，在生化过程中以两仪之二，构成了一生二、二生三的生化形态，从“三”反观“一”，则构成了整体“一”中有“三”。由道域、母域、器域三者组成的三界域，就是整体大一元的道元三界膜。在三界膜分生过程中的一分为三含二的原理中，为一生阴仪和阳仪之二，阴仪和阳仪之二又生阴仪、体用浑沦、阳仪三者。体用浑沦如何理解呢？就是中间形态，比如把火柴棍从中间等分，很多人会认为这是一分为二，实际上这是一分为三，中间还有体用浑沦的“空”与他们联系，当然这是实物的分，那么从实物的分就能联系实物之外的时空。以破界域联系的道元界域转换，从本体一转换为用体三，在数字上看似从一变为了三，实际上是从本体转换为用体。从本体的“性”转换为“用”就是破界域，非跨界域的数理关系，跨界域的数理关系只是“用”格局下的界内元之间的联系。如何理解破界域呢？为从真空实有的“无”分生出“有”。如果本体为真空实有“无”的话，那么用体则是分生出的“有”，从零破成三，这个破非从零→一→二→三的数理关系，从零→一→二→三的数理关系为在“有”的用体范畴的界域加减。界域加减中数值从小到大为升界域，反之数值从大到小为降界域。但这个“破”

是从本体生化成用体。所以从零到三的破界域道元里，它们之间不构成任何数理关系，是本体与用体的关系。

综述之，道元三界膜是大一元广三元道元中，以三界两域体为主体结构，以两仪原理进行界域转换，从本体生化用体的广生与大生形态,更是大道立于生化本质、生化原理、生化过程下的“生”的视野。道元三界膜形态中，本体为“一”，两仪为“二”，生化破界域转换而有“三”。本体为大道，构成了“道生一、一生二、二生三”的生化法则。

道元三界膜是大道立于道母器程式在界膜理论上最宏观表达，也是大一元广三元道元界膜的根本形态。除此以外，在广三元的用体里，也呈现了以界内元之间相互联系，构成了数理关系的升降界域，形成常态界膜理论，简称界膜理论。界膜理论为以膜形态而分界域转换之界，形成以膜划界，同时界域之间的转换和联系依赖于膜，形成以界辨膜。界膜理论以膜划界和以界辨膜特征，尤其体现在界域升降转换上的应用，以及非界域升降转换时界内元之间的联系。界膜就形成了位域交界的浑沦态，具上承与下启作用，能通过界膜在事物之间的上承下启的联系，从位域对待上看待界，联系位域看待膜，从而就能解构事物内部的发展形态以及外部的发展方向。

无论是道元中的跨界域联系还是界膜中界域升降转换，都要依赖于藏相动能作用。如大一元广三元道元的大道源动能，以及大一元生化广三元破界域的大道“生”动能，广三元格局下的界域升降的跨界域的界膜动能，也叫生化动能。在藏相动能义下，所有形态动能的本质为德性，各种视野和阶段的动能内容的不同就是“德”性内容不同，道体四域与德性四体的道体德性同体承载是交融在一起。大道源动能作用道体四域中的道大，对应德性四体为玄德；大道生动能作用道体四域中的天大，对应德性四体为圣德；生化动能作用道体四域中的地大，对应德性四体为用德；物质动能作用道体四域中的人大，对应德性四体为证德。全提道德、直指乾坤，从道体四域中道大、天大、地大、人大等一切可言说的道体内容，到德性四体以玄德、圣德、用德、证德的“德性”与道体内容交互合相作用，呈现无为而无不为大道真性总摄下的道生德畜本原。

道母器程式承载的大道“生”体系。在大一元广三元道元本体下，宏观为大一元为形上道域，生化广三元形下器域，形成道母器程式所在的三界膜。广三元生化动能就是作用万物凡立于太极体一的发端“源”的动能方式，也是立于太极浑沦相而赋予生命的精气神形态，从太极体一到人体这个过程，精气神又历经先天运相界、后天藏象界、人体命象界三大界域，构成广三元精气神三界膜。在这个三界膜结构里联系先天运相界、后天藏象界、人体命象界与人体，构成了精气神三界膜的三阶四象。生命的精气神形态在大一元生化广三元的转换中，通过破界域转换，生化成精气神三者，从而在生命的形态中从“性”流变转换为“命”。真如体如来义为元神元炁元精三元一体，从形上道和形下器来说为器三元道一体，转换为性和命则称为命三元性一体。元神元炁元精三元一体在器三元道一体是性质综述，形上道的无极而太极乾天圣为道，为道为炁说界域整体视野下的梵炁一元，此一元为本质元，除此以外无其他，万物凡均从此出，此道一元的本质为大一元，乾大生广大悉备无所不包。命三元就是精气神三者之元，为精、气、神三者各自的形态，而运化精气神三元命根的为阴阳两仪，阴阳二仪为道元界域生化转换的法则，只要具足阴阳属性的事物，就必然从一元体生化转换至三元。

大道生化本质下的“生”源起，依藏相生动能，通过道生之基本单元的三阶四象（微观基数阶→变化阶→道生之单元阶之三阶四象结构）数理生化成道生之基本单元——往象。往象的实质什么呢？从一个“基本单元”的含义就能看出，往象为大道立于生化本质和生化原理在生化过程中最微观的单元，呈现最极致的生变易之“易”义，它就是先天五太中的太易。恒顺道生之，经过宏大的往象生化过程的积累，就构成了太易向太初的生化流变，“太易者，未见气也”，从气形质三者在先天五太的状态来看，太易以未见气更加玄之又玄，以弥纶无外、湛湛空成的洪源玄黄无象为主要的特征，其中在往象不断生化积累的过程中，逐渐“而生一气”，然后不断地“乃生中二气也，中三气也”，直到玄、元、始三气生化毕具，以先天五太状态的“太初者，气之始也”特征，为太易生化流变至太初，此太初阶段的玄、元、始三气成，谓三合成德。而这三合成德的“德”正是藏相生动能的内容形态。太初始见气后，经过玄、元、始三气过程，恒顺道生之的畜积，生化流变为“太始者，形之始也；太素者，质之始也”的太始、太素阶段，经过太初、太始、太素阶段的生化过程后便有“气形质具而未相离，故曰浑沦”的太极阶段，以太极浑沦相为主要特征，从而共同组成了太易→太初→太始→太素→太极生化源流变形态的先天五太无极而太极过程，成为形上道乾天圣的内容。在整个先天五太生化过程中，贯穿大道恒顺生势定律的道生之“生”，为藏相生动能，而构成藏相生动能发挥生化玄妙的为“素”形态——太素至精。太素至精是先天五太过程的主要动能物质，只不过这种物质为精神范畴，为真如性范畴，非世间的物质义。藏相生动能的太素至精形态，指向了藏相源动能的至素至精。

在先天五太过程中，具足了三界膜之三阶四象结构。先天五太过程的三界膜为太易与太初过程的一阶气膜，太初与太始过程的二阶形膜，太始与太素过程的三阶质膜。藏相生动能的“德”性为元亨利贞四圣德，藏相生动能是如何发挥作用而产生先天五太过程的内容生化呢？为元亨利贞四圣德周行，从而具足了藏相生动能的作用。形上道乾天圣元亨利贞四圣德周行结合先天五太过程，就有了太易为乾元，太初为乾亨，太始为乾利，太素为乾贞，同时也在乾贞部里具足了太极浑沦相形态。把太易→太初→太始→太素→太极的无极而太极先天五太过程看作为道体四域中的天大，为体；而乾元亨利贞为德性四体中的圣德，为性；体性圆融交互承载，天大与圣德交互合相，就构成了大一元道元合相，而天大所在的先天五太无极而太极过程，与乾元亨利贞四圣德周行的藏相生动能过程，就成为了大一元道元下具体的体性内容。

在道生之最基本单元为往象，往象并非是最微观之变化，生化成往象还有生变易基本过程，由“长→育→成→熟→养→覆”结构组成。如果把长看作为一，育看作为二，成看作为三，熟看作为四，养看作为五，覆看作为六，就形成了一→二→三→四→五→六的生变易，一→六横向生化模型，从一→六中间的差数为五，横向生化模型也叫差五生化模型。所以，道元义中视野单元最基本形态——往象的最微观的结构为差五生化模型。由于大道具足恒顺生势定律，当一→九数就必然持续其生生之健的生，并在横向生化模型下，形成了一→六，二→七，三→八，四→九变化形态，这个变化形态就是大道生成之数模型。如果把一→九的数理关系看作是横向坐标，那么建立在差五生化模型的二→七，三→八，四→九变化形态就形成了纵向坐标，这种纵横结合就形成了空间体基本单元，而空间体基本单元又是以大道恒顺生势定律作用，恒顺生势的生化过程，以循顺置返视野，就构成了时间轴。空间体基本单元在时间轴的建立下就有了空间轴，时间轴和空间轴共同构成了立足于时间的时空体单元。而且时间轴与空间轴必然要在时空体单元发生联系，这种联系就构成了藏相动能基本形态——左旋而右转动能形态。如何构成了左旋而右转动能形态呢？就是阴阳之数的动态联系，阳数联系在时空体单元形成左旋，阴数联系在时空体单元形成右旋。

在长→育→成→熟→养→覆的生变易过程中，从“生”的源起到“长”，也就是从零到一，为因生，当覆六临界态出现，有“覆”到“易”临界状态的易相态时，为果成，当易相态生化成往象，为一个因果单元生灭。从零到因生一→恒顺生势发展二→六到果灭，构成一个因果单元的生灭过程。那么六→七的生化发展又是什么呢？为第二个因果单元的生灭过程，这个第二个因果单元生灭过程和第一个因果单元生灭过程一样，遵循差五生化模型，第二个因果单元生灭过程中从因生到果灭，是以第一个因果单元生灭过程承载。形成了第一个因果单元生灭过程中的“恒顺因果二”简称二，成为第二个因果单元生灭过程中的“因生一”，也就是二相对于一的因来说，二为一的果。这个二果就成为第二个因果单元生灭过程中的因，依差五生化模型之规律，就形成了二→七；以此逻辑类推，则有三→八，四→九的数理逻辑。

大道道生之生化过程下的一到九数理逻辑，非同一界域视野下的递增关系，而是以差五生化模型形成的位域阶段，从一到九构成了为一→六，二→七，三→八，四→九的三阶四象位域模型。以此原理，在大道生化过程视野下，一到九数理逻辑中的七的出现非直接的从六横向递增到七，而是在时空体单元里构成了纵向的第二个数理阶段，也就是第二个因果单元生灭过程中从因生到果灭，这个横向递增向纵向转换最重要的一个原理和视野，为第二个因果单元生灭过程中的因，来源于第一个因果单元生灭过程中的二，这个“二”的转换，在第一个因果单元生灭过程横向递增逻辑里，二为一的果，那么以此果二成为第二个因果单元生灭过程的因，成为第二个因果单元生灭过程的因生一，完成“二”从果到因的界域转换。所以这个“二”从第一个因果单元生灭过程的果，转换成为第二个因果单元生灭过程的因，通过道元界域的转换，从横向数理逻辑生化流变成为纵向数理关联，并以此为起始，以差五生化模型延续此界域的横向数理逻辑生化过程。恒顺此过程，形成大道道生之生化过程下的一到九数理逻辑三阶四象位域模型。

道生之生化过程下的一到九数理逻辑三阶四象位域模型里，从横向到纵向的界域转换，既构成了横向发展同时又以上果下因的关系形成了纵向联系，而且这种联系既形成了横向的数理生化形态，即前因后果，又构成了纵向联系下的数理生化形态，即上果下因后的前因后果。这里就有一个独特的错位形态，这个独特的错位形态在纵向联系上就形成上果下因联系，如在横向上二为一的果，但在纵向上二为因生，为起始，成为纵向的一。如果把纵横联系的时空体单元放在视野整体来看，此三阶四域在运动上就构成了曲变运动。曲变运动最重要的原理为立足于错位形态的上果下因点，形成的横向前因后果与纵向上果下因后的前因后果的综述运动形态。

往象作为至微生化单元而生化发展成大一元道元的所有内

容，再延伸到至彰的道母器程式，就形成了至微至彰形态。至微至彰形态体现在大道时空性上便是至微与至彰皆不能独用，没有道生之的任何内容是纯粹以至微显或单以至彰显的。任何至彰的大都是通过至微的生来达，任何至微的末端又都全息交易着至彰所包含的一切，这就是至微以至彰显、至彰以至微达所体现的至微至彰全时空显达性。

# 圣德篇

## 法性之母曰圣德

何为圣德？法性之母为圣德；圣德以法性之母显“母”特性并主导九易法则。九易法则作用在圣、圣化凡、在凡、凡转圣之完整过程，呈现周易易周本体程式，在道母器程式言圣化凡，太极浑沦相上承无极而太极的先天五太在圣域，下启生万物的后天五生的在凡域，而有独特的“母”域太极浑沦相。

在道母器程式中，以天比类乾有形上道乾天圣，以地比类坤有形下器坤地凡。其中天，为乾，为心，为清净，为形上道，为在圣，为光明，为如来藏，为真如性；地，为坤，为妄，为污染，为形下器，为在凡，为无明，为唯识变现坤形器物，故有形下器坤地凡。

乾藏界的形上道域，以乾性如来藏为精神域。特性关键词为

“乾”与“藏”，具光明、圆明、大生、刚健、清净、德普施、如如来去等特征，在道母器程式中特指“道”域，在性相用程式中特指“性”域，在周易易周本体里为在圣。从道体四域与德性四体的大道体性结构而言，在大道体域上为天，为形而上，为道域，为无极而太极过程；在大道性域上圣德元亨利贞周行；在大道体性综述为乾、为心；在大道体性呈现道母器程式内容为先天五太之无极五生象图（太易→太初→太始→太素→太极）。乾藏界的本原为无为而无不为真性妙用下的道生德蓄（体性）合相妙显。

相虚唯识因缘界为形下器精神相域。特性关键词为“相”与“唯识”，具生化、“母”性、唯识变现、相用、虚实、凝聚沉淀、藏象、福德相等特征，在道母器程式中特指“母”域，在性相用程式中特指“相”域，在周易易周本体为圣化凡与在凡，在道生之生化内容中，为圣化凡太极浑沦相临界，种子与现行唯识变现过程。从道体四域与德性四体的体性结构而言，在大道体域上为识神（太极识）域，为太极浑沦相，为地，为形而下，为器域，为唯识变现过程；在大道性域上乾贞临界坤元——用德元亨利牝马之贞周行；在大道体性综述为太极浑沦相之母域，以及妄与迷。在大道体性呈现道母器程式内容为圣化凡而母域临界，体现为如来藏缘起与如来藏识在圣与在凡视野的两种对待，以乾贞临界坤元太极浑沦相，以其独有的“母”性可以为天下母呈现的圣化凡的生化过程，为太极浑沦相（太极识）在种子源与种子上的独特的相依源流与流变关系。相虚界初始种子以及种子源因缘的生化，为太极浑沦相临界态，以如来藏缘起的乾贞临界如来藏识的坤元，呈现识神域的初始真面目。从识神的两种来源来说，一种为真如体如来义所生种子，以如来藏缘起的秘密义承载的太极识真相，叫初始识神；另一种为无明世界染污后，在轮回境中继续沾染熏习，识、根、尘和合集聚而返熏，返熏的种子以识神能藏和所藏的功能进行存储，成为返熏识神。相虚界在初始识神对待上，为圣化凡的生化视野，是联系道母器程式的整体对待，而在返熏识神对待上为人后天所造诸业形态的业库，就是纯粹的形下器坤地凡范畴，呈现唯识因缘唯识变现的八识心王法与五十一心所法，既有种子与现行的唯识特性，又因在器域而具足坤形界中的坤与体特性。道域在圣态，真如体如来义下的妙有与妙化，为性相；在凡态，唯识变现中唯识因缘和合集聚与动能沉淀呈现型与象，为用相。

坤形界的形下器域，以坤形器物为物质域。特性关键词为“坤”与“体”特性，具无明、方体、广生、柔顺、污染、顺承天、唯识变现、质碍等特征，在道母器程式中特指“器”域，在性相用程式中特指“用”域，在周易易周本体里为在凡。从道体四域与德性四体的大道体性结构而言，在大道体域上为地，为形而下，为器域，为后天五生之过程；在大道性域上用德元亨利牝马之贞周行；在大道体性综述为坤，为妄与迷；在大道体性呈现道母器程式内容为后天五生之太极五生象图（生生→生主→生入→生成→生育）。坤形界因无明颠倒与妄想的障碍，显器形之界域，以用德作用。

遵其“方圆、有无、藏相、顺返、阴阳、终始、动静、体用、生灭”九易法则作用在圣、圣化凡、在凡、凡转圣之周易易周的完整过程，为周易易周本体程式。圣化凡为在圣、圣化凡、在凡、凡转圣周易易周程式下的“圣化凡”，立足于生化原理与生化过程来呈现圣化凡，从生化原理上为因生而易与依易而化，以及从往象的至微与乾大生的至彰体现“生化”之性。从生化过程上为道域生化器域，从无极源起如何经过生化呈现万物凡的过程，尤其呈现太极浑沦相圣临凡的生化状态。圣化凡视野下的太极浑沦相态为三圣三凡含义下“太极”位域，以“太极”域在三圣三凡所处之位而联系圣与凡的生化源流。

圣德显母特性。太极浑沦相上承无极而太极的先天五太在圣域，下启生万物的后天五生的在凡域，而太极浑沦相的临界态就是圣化凡的阶段，凡之色为依圣之性生，通过太极识唯识变现而生，呈现独特的母域太极浑沦相。太极识作为种子源在太极浑沦相的临界态是生而未分，依转一体。在太极浑沦相以如来藏缘起临界太极识，便是圣化凡中“化”在圣性与凡识能量“流变”的临界态。从道→母→器整体观上说，“化”为圣化凡，也就是如何从道域到器域，之所以能生，在于圣德彰显，以法性之母包含玄德与圣德性，且主导生化法则。

太极浑沦相的大道体域为太极位域体，简称太极体，为先天五太过程阶段中的“太极”域；太极浑沦相的大道性域为乾贞临界坤元，乾贞为圣德，而坤元为用德。从大道体性上说生化内容，在大道体域内容上（简称内容体），乾藏界承载的道域有“太易→太初→太始→太素→太极”先天五太无极而太极过程，为“无极五生象”。坤形界承载的器域有“生生→生主→生入→生成→生育”后天五生太极而生育过程，为“太极五生象”。相虚界承载的母域有独特的太极浑沦相呈现种子与现行唯识变现过程，为道域生化内容跟器域生化内容的临界转换点，并发端器域生化形态，在说大道体域内容上，通常把太极浑沦相作为内容体，当说到这个临界状态转换时，以太极代称太极浑沦相，“太极”阶段落在先天五太过程为在圣道域对待，落在后天五生过程为在凡器域对待。立于道母器程式，太极不是大道生化起点，它是生育万物的起点和发端，是大道生化呈现万物生育的转折点。我们在藏象五系统讨论藏象生命，生育万物的起点和发端为“太极”，是从“太极”说生育，是从太极生而未分临界态时为后天五生的“生生”。太极生而未分临界态为立于在凡坤地器域视野，为识种子的如来藏识对待，为气形质毕具、元神元炁元精三元一体临界生而未分与分后循生流变起势。

在大道性域内容上（简称作用体或能量体），乾藏界道域圣德乾元亨利贞作用先天五太无极而太极过程，有元神元气元精三元一体的能量体。坤形界器域后天五生太极而生育过程，有神主气精和人身精气神能量体。立于太极体生化转换，元神元气元精三元一体的能量体流变转成神主气精和人身精气神能量体，从而形成道母器程式视野下能量生化流变形态，道域为元态，器域从神主气精与人身精气神的差别而有先天和后天之分，成为围绕“精气神”为内容的元→先天→后天能量流变过程。人身精气神态为“器”的当下状态，为后天。神主气精态的太极“母”为生化人身精气神过程的来源，为器物唯识变现的先天，先天与后天的源头为道域的元神元气元精三元一体的元态。

太极五生象生育系统中的“生育”为生化与发育。太极五生象生育系统中的生生为立足于太极浑沦相的在凡视野，为坤地凡器域的对待，属烦恼藏范畴。太极浑沦相在太极识形态下为染义承载的如来藏识，以种子唯识变现的“识”义而在种子库两种视野对待里转换了真种子的如来“藏”义，其根本为无明染浊。故，太极浑沦相临界态为太极五生象生育系统的发端，这个发端“源”为在凡万物的生化源，以太极称谓，具万物生化的“生生”态。万物凡在太极的发端“源”不是大道的总源头，万物只是大道道母器程式域界中器域对待的内容，这个万物凡在太极的发端“源”与无极体“源”起不能等同。以万物凡在太极的发端“源”循迹生化本质下的起源或本源，则为无极体“源”起，它是大道生化可以强说来言说的“生”的总源起。如果说万物凡在太极的发端“源”记为“有”，而无极源起的体性内容记为真空实有的“无”，那么太极浑沦相就是从无到有的体性转换枢纽。

生生，为立于太极体，真种子依种子库转换成识种子，种子与现行唯识变现天地构精和识神种子与精气媾和的生化运动态，呈现太极体一，一生二，二生三，三生万物。首先，立于太极体，太极浑沦相毕具且元神元炁元精三元一体，故太极为一。其次，真种子对待的真如义为乾道乾天圣，为天，为纯阳，识种子对待的烦恼义为坤道坤地凡，为地，为纯阴，此为阴阳之二。再次，天地构精的阴阳因无明染浊，且唯识变现的法则，呈现生而分的识神种子与精态气态的精气神的三。

太极体一，为元神元炁元精三元一体的“一”，从乾道在圣的乾元起，乾元亨利贞圣德周行作用，由太初气之始，太始形之始，太素质之始，成为先天五太气形质过程，亦是元神元炁元精三元一体在太极浑沦相临界一体。元神元炁元精三元一体，必然要明了二与三同时毕具，阴阳作为“二”共同作用气→形→质过程，并通过气形质形成元神元炁元精三元一体，是一个漫长的逐步的阴侵袭阳的染浊过程，不是立刻呈现的，只不过阴侵袭阳的染浊过程经过和合集聚后，在太极浑沦相呈现了临界态，并有了生而分的状态。所以说 “一”时，其实二（阴侵袭阳的阴阳）和三（气形质或精气神）都在共同作用，这就是为何说要明晰说“一”时，必然要明了二与三同时毕具的原理。

太极浑沦相为具足清净，为至静，显至阳态，至静中出现动，则是阴性彰显（元精与元炁显的阴态）与作用的运动态。作为元神元炁元精三元一体的三者生而分，且元神也呈现运动态也有元神流变转换为识神运动态流变的过程，那为何先天精和先天炁为阴，而识神为阳呢？那是因为元神此时是真种子的形态，还未经元精与元炁生化运动，还没有完成神主气精的变现形式，还未从元神完成识神的转换，这叫初始未熏种子态，真种子元神随元精与元炁同步唯识变现运动，在至静显动的转换中，真种子就转换为识种子，识种子为已熏种子态，但它此时显真如性。人人皆有如来智慧德相在先天初始具足的，它的真如性是不生不灭的，从真种子转换到识种子的阴性无明沾染以及元精元炁阴性的运动态是不改真如性的。

太极体生而分的三者先天神（已熏的为识神）、先天精、先天炁。说三，是元态的元神、元精、元炁三者流变转换为先天态的先天神、先天精、先天炁，所以这里说三就要以先天态区分元态。三生万物，就是三三九格局，先天任何一者中有三种形态，三者就是九种形态，它就具足并构成了唯识变现成坤地“体”世界的一切要素，世界万物的形态、形质、内容就由三三九格局按照种子因缘法则和唯识变现法则千变万化，万物以此三三九格局变化而生。在先天神、先天精、先天炁与气、形、质三者的“三”义下说生生，就又要从太极浑沦相来说一二三。首先视野落在太极体的三上，为元神元精元气与气形质的三，二为元阴阳二炁，在三和二的位域视野上，升位域为三元一体，具足三义并统摄二义。浑沦相一体的“一”位域要高于三和二义的描述，或者说太极体一为整体视野，而三和二为整体内的内容对待。以此太极体，圣化凡位域流变转换，而有元阴阳二炁流变为先天阴阳二炁，元神元精元气三者流变为先天神、先天精、先天炁，并在先天神、先天精、先天炁的每一者中都具足坤地凡对待的气、形、质。这就是太极体一生二，阴阳二生三，精、气、神三生万物的原理。元神元炁元精三元，三者归一，一返道体即无极，元神元炁元精三元为太极之用，无极为太极之体。道生一、一生二、二生三中的无极生太极、太极生两仪、两仪生元精元炁元神，均是“生”而未分，体用如一的。

太极浑沦相呈现生而未分与分后循生的综合生化态。太极浑沦相的体性视野，呈现圣化凡临界态。太极浑沦相的体性视野中，大道体域属乾道无极而太极过程，故太极浑沦相的对待是“太极体”的在圣，为形上道精神域；大道性域属圣德乾贞临界用德体坤元。太极浑沦相的大道体性同体承载显圣化凡流变临界态，当乾元、乾亨、乾利、乾贞四部圣德按照道与德合相显化的妙有所发展的过程，到一定阶段的一定量的和合积聚，即乾贞临界坤元，一切因缘成熟圣化凡态毕具，以此临界流变的延伸，乾道域流变为坤道域，坤道唯识变现的世界依种子而有种子与现行世界。

圣德以法性之母主导九易法则。由“神圆方知”的方圆法则、“有无互生”的有无法则、“内藏外象”的藏相法则、“循顺置返”的顺返法则、“负阴抱阳”的阴阳法则、“终而复始”的终始法则、

“消息盈虚”的动静法则、“同体同用”的体用法则、“唯生识灭”的生灭法则共同呈现九易法则。

方圆法则乃由以圆达方并以方贯圆的方圆义呈现至微至彰同体承载的法则。神圆方知是方圆法则最好的描述，且在法则义上又有以方入圆而有见性神知之法。自古以来有“天圆地方”一说，天圆地方不是“地平说”，是以天地比类乾坤，以天地乾坤承载的道体德性而言宇宙本体。何为天圆地方？以“天”比类乾，言性，性圆明而遍知，谓之神，乃道之所成性之所化；以“地”比类坤，言识，识迷且执而知之有限，用之受限，谓之方，故而天圆地方呈现的特性便是神圆方知。自性圆明可以致任用，任何方知、方用皆依性起用，故而圆性能达方；任何方皆是依性起用，亦乃道体德性同体承载之方，无性方无以显，无方圆无以成，以方贯圆而言贯之，乃见性而知“方”之实相。方圆法则的“以圆达方并以方贯圆”乃法则属性，“以方入圆”乃方圆法则的见性之法。在“德圆方知”的释义中，之所以圆，在于乾性，之所以方，在于坤性。天，类比为乾，为心，为清净，为形上道，为在圣，为光明，为如来藏，为真如性，故有形上道乾天圣。地，类比为坤，为妄，为污染，为形下器，为在凡，为无明，为唯识变现坤形器物，故有形下器坤地凡。至微至彰同体承载才能很好地描述道生之的一切皆在“方圆”之中，任何至彰都是通过至微的生来达，任何至微又都全息交易着至彰，这就是至微以至彰显、至彰以至微达所呈现的至微至彰全时空显达性，亦是方圆法则基于周遍圆明来达任何一体之方的内涵。至微以至彰显、至彰以至微达，皆乃德性起用，以“德”性统领方圆，才是方圆法则“德圆而神”之所在；德方以知，乃以方入圆的见性之法，亦能知方圆法则周遍之义。

有无法则乃由有无互生呈现生化源流变的法则，尤其强调“有生于无”呈现生化之源而见体性圆融的法则。从道→母→器的程式可知，天下万物为“器”，天下万物以“器”能明确眼见、分辨、认知，故“器”具天下万物能说和所说之用；器域的源流为母域以及道域，生器域的无论是“有”还是“无”，皆因“生”而有生之源，因源而有源流及流变。器域生化之源为母域，“母”显有性，为无名无相但真空实有之“有”，因“母”而有生化源流变，才能呈现道域之“源”；“道”显“无”性，以母法（九易法则）起用而生化器域。立于道母器程式而说源，为无极道体的源，以及基于无极道体而起源于无极道体的“生”，为道生之的“生”在无极体的源头。因大道本原才有因本原而“生”源，才有大道恒顺生势贯穿的道母器程式。从先天五太无极而太极过程的“无极五生象”到后天五生太极而生育过程的“太极五生象”而言，万物凡在太极的发端“源”记为“有”，而道母器程式道域中的体性内容记为真空实有的“无”，那么太极浑沦相就是从无生有转换的体性动能枢纽。

藏相法则乃由内藏外象在藏相系统中呈现藏相内外属性的法则。以内藏外象呈现真如道体与色尘之间交互内外的必然联系。从道元义来说，藏，就含有源，一切本来尽然包纳，一切皆由此出，就如无不从此法界流、无不归还此法界之义，但这个“藏”的源义，是道元本质的源，为一斑而窥全豹的道性，处处在在见性见大道，处处在在有藏源，为以介子而包须弥。“藏相”法则的内涵可以总结为：道体清净时，则为如来藏，相为道体所彰显之德相；在色尘时，道体真性为藏在色尘背后妙显的如来宝藏，并与色尘交互合相，以其体用分别彰显真性之德相合色尘之德相。如果把色尘的象当作外的话，在色尘背后妙显的真性如来宝藏则为内。因为色为性显，性色圆融并没有藏在色尘背后这一说法，藏的含义为相对不能直接表达来说的，为不能显而易见。有了藏相内和外，则有体用，体，为内藏，如来真性宝藏；外，为外象，色尘的表象。从藏相法则而言，人统乾道与坤道于一身，因人人本有如来智慧德相，皆有真如体之藏，人的色身为坤世界中根尘蕴结集妄的和合所成，色尘外相遵循坤道法则，故人统摄乾道大生与坤道广生于一身，既以藏象生命系统呈现藏相内外，又跟大道真如本体以内藏外相联系。在“人”身上体现的“藏相”法则就是藏象生命，一切生命的终始，都依赖于藏象生命过程所体现的“藏相”法则。

顺返法则乃由循顺置返机理呈现道生之生化动态的法则；是联系大道生化过程而解构时空体中生化延展性的法则。以独特的“反者道之动，弱者道之用”视界呈现循顺置返，来解构大道道生之的生化动态。何为“循顺置返”呢？大道道生之恒顺生势定律生化的一切，都是顺生，顺承大道源动能作用下的“生”源起，以此顺生呈现道母器程式中至微至彰一切内容。顺与顺生是必然联系在一起的，就跟我们说“果”不能独用，必须联系因一样。顺则有生的含义，而生必须依顺才能生。一切的“生”，都依赖其“顺”。在道元论和藏相动能义下，大道道生之的顺生成为恒顺生势定律。“顺”指向的顺承的源，为道元合相论的大道源动能之玄德性以及大道生动能之圣德性，从顺生的“果”找到顺承的“源”，这个方法就是依顺循而置返。循顺置返，可以呈现顺返过程，通过循与置把顺与返联系连接起来，把顺仪与返仪融合到道动的过程里。一卦可通过变易而变八卦，以及卦产生变爻后的体卦与用卦关系，就是循顺置返的具体应用。

阴阳法则乃由负阴抱阳机理呈现的阴阳生化的法则。基于阴阳法则可描述“万物负阴而抱阳，冲气以为和”的道生之动能形态，以及解构发生道元位域升降转换和藏相动能义下的阴阳平衡（含负阴阳平衡）原理。何为负阴抱阳机理呢？为“负阴而抱阳”的阴阳生化与分化机理。在大一元视野下言万物生化，此生化过程的负阴而抱阳机理就为错位形态的上果下因机理。阴阳平衡下的阴仪阳仪体分离，它是立于“器”域而言说万物凡的生化转换，立于三元一体的“源”言说阴阳属性的分化源头，从精气神染浊义言说阴阳分化。如果说源体态下的精气神阴阳属性为道一元视野下的阴阳平衡，那么染浊义下分生临界态以及生而分后，就是阴性为主体，阳性为从阴体中阴体动态生阳而求阴阳的过程，呈现为“负阴而抱阳”与“冲气以为和”阴阳平衡机理。阴阳平衡下的阴仪阳仪体分离过程原理为：广三元以染浊义，相对大一元的清净义，在精气神界域流变过程中就是太极三元一体对比精气神生而分后的三者。分后循生与分生临界的精气神形态为阴性仪能量体的先天神（已熏的为识神）、先天精、先天炁三者，也是“生生”阶段独特视野。阴体动态生阳而求阴阳的过程，就呈现了以阴体生阳而有冲气以为和的内在动态，从一体的阴体“负阴”，到阴体动态生阳而求阴阳“抱阳”，就完成了“负阴而抱阳”动态过程。

终始法则乃由终而复始机理呈现的如环无端却能知终始的法

则；以及以终而复始贯穿之周易易周之动态，使其呈现如环无端且周遍圆明之特性的法则。在周易易周程式里，其周而易与易而周皆如环无端，终而复始，言终始实则无有终始，以终始法则析之，在于道体德性因体时位位域不同呈现不同的的终始状态，以暗主终始和明主始终为内容，再以终始法则贯之，可见其周而易并易而周的本质特性。

在周易易周程式里，周乾易坤周而易以“乾→姤→遯→否→观→剥→坤”贯穿执妄迷失过程，乃明德终并阴妄始的终始过程；正坤返乾易而周以“坤→复→临→泰→大壮→夬→乾”贯穿正阳进德过程，乃明德始并阴妄终的终始过程。周乾易坤周而易因执妄迷失而主无明，正坤返乾易而周因正阳进德而主大明，无明与大明是终而复始的两条主轴，亦以终而复始贯穿彼此使其如环无端以周易易周来循环。终而复始机理正是由无明与大明相互转化且贯通彼此来共同呈现的明终暗始与暗终明始法序过程，并以此呈现终始法则的法则性。无明所主的明德终并阴妄始的终始过程与大明所主的明德始并阴妄终的终始过程，同为终而复始机理中的法序状态。周易易周程式因体时位不同呈现不同的终始状态，在坤世界里，无明为常态，因德性光明之赋予，使其以暗终明始呈现向阳从正的治理特性。暗终明始的治理特性，需知无明从何而来以及明德终、阴妄始的终始过程。

动静法则乃由动静二相机理呈现的体用分化动态的法则；以及基于阴阳而解构刚柔相摩的动静机理，尤其是发生体用动静以及消息盈虚动静的法则。通过负阴抱阳机理可知其阴阳因生生而分化，有阴阳之所出，故而可立于阴阳而言动静。动静法则所贯穿的并非只有阴阳盈虚之动静，九易法则中的其他法则皆有动静相。何为体用分化动态？从阴阳法则可知，阴阳之所出的原理与过程便是体用分化动态。体用分化动态便构成了体用动静相。动静相乃动静二相，以动静法则主之，使动和静因体用关系而互为动静。生而分化必有所依之体，以及基于所依之体而生用体，在生而分化过程中，因“生”而显动，又因“体”而显静，分化必须基于本体与用体而言，本体与用体从“体”而言，为静，从生与分化而言，为动。故体用动静为本体与用体之间因生而分化所贯穿的动静原理。动者，生而分化之动；静者，本体与用体因“体”而静，生而分化为本体与用体之间的动静过程，既是动静之所生，又是基于动静而有体之所出。故动静二相机理，乃基于体用两者的生化关联而知动静，再以动静两者确体用，使其互为动静相，且呈现静为动根与动生静体的动静相。动静二相机理里有周易动静、变易动静、交易动静、相摩动静等内容。

体用法则乃立于体和用两者共同呈现体用相的法则；以及基于体用而解构动静二相机理，尤其是发生体用动静的法则。体与用之间贯穿了体用相，因体用相而能明体用。之所以有体和用，在于德在不同的道体位域显象不同德性内容，德在道域为圣德，在器域为用德，而器域为道域所生化，以道母器程式言生化源流变，故立于生之源而有体，立于流变而有用，贯穿生化源流变过程的便是立于体用两者的体用相。乾大生与坤广生呈现道生之至彰大象与至微往象，无论是至彰大象，还是至微往象，皆是立于无极道体之“体”，而言乾坤之“用”，其大象与往象便为立于体用的体用相。从体用相可知，立于体用法则，道域、母域、器域分别呈现大道生化属性中性相、法相、用相。人统乾道与坤道于一身，呈现体用法则的本体器用义。因人人本有如来智慧德相，其真如自性与圣无二，此真如自性遵循乾道法则，故有其“本体”；人的色身为坤世界中的凡尘，乃五大假合由根尘蕴结集妄因无明所成，色尘外相并遵循坤道法则，故有“器用”；故人统摄乾道大生与坤道广生于一身，既有乾道之体，又有坤道之用，同时立于坤世界之体而有人身之用。卦之体用，从六十四卦方圆图而言，方圆图所呈的体性为体，六十四卦为用，而其中任一之卦又是六十四卦之用。在变易属性中，本卦为体，变爻为用，以变爻变易其中为体用相；在交易属性中，本卦与所交易之卦为体，交易内容为用。易之体用，不离实理自然之元亨以及履法序得正之利贞，此乃易理之本体，在易理之本体言治道之用而有万用，只有通实理自然之元亨，方能万变不离其宗性而得大亨以正，以此济所有不通。故实理自然之体性为本，而治道之用为末，此乃体用法则之本末体用也，只有通其本末，明其体用，方能立于体而得万用。

生灭法则乃由唯生识灭机理呈现的唯识生灭之法则；以及基于唯识而解构外、身、内诸事物之生灭过程，尤其是发生藏象系统内的唯识生灭与传导机理之法则。唯生识灭机理，乃基于唯识而知“识”之生，并以生生之过程而知灭，呈现诸识生灭之机理。知生，乃知识之生，以“唯生”言除知识之生外，更要知根本之生，乃大道恒顺生势定律下的生，而“识”之生乃道生之下精气神三者贯通之过程，以及神主气精呈识之往通状态。精气神在不同识位域状态下的生生便是识的不同类别和状态，以精气神贯穿生生，呈现生灭的为识，所谓识灭，乃识系统基于识之生而言灭。生和灭二体之间，呈现唯识生灭相。

九易法则作用在圣、圣化凡、在凡、凡转圣之完整过程，呈现周易易周本体程式。在周易易周程式中，在圣之“圣”为玄德与道体合相以其无为而无不为玄德之性妙显在圣，也是我们常称的“无极圣”。圣化凡的“圣”为无极而太极的圣，通常简称为“太极圣”，但一定不是特指太极这个临界点，而是无极而太极过程乾道域的“圣”。无极而太极过程正是圣德与乾道合相妙用以其如如不动妙化万有之性显其元、亨、利、贞之圣德相，所以无极而太极过程正是元亨利贞圣德显用的过程。之所以有“圣”的不同内容，在于作用“圣”的“德”的不同。玄德显用为无极圣态，圣德显用为无极而太极圣态。还有一个凡转圣的“圣”，是包括前两个圣态内涵的真如体如来义的自性圣，非外相所指的某个圣。

圣化凡之“凡”是从坤元执妄迷失而有坤世界的一切坤尘形态，即“天下万物凡”。在凡的“凡”则指坤世界里一切有情众生、无情具象事物（包含不可眼见的事物），一切色尘与物、事、理乃至一切见的“坤尘凡”。凡转圣的“凡”为特指三界里可以修真证道的一切有情众生，为“有情凡”。“天下万物凡”与“坤尘凡”虽同为遵坤道运转的坤凡，坤凡为坤道里的一切规律规则都成熟具备运转的凡，天下万物凡都可以看作是正在走向坤凡过程的初级形态的凡。

作用“圣”的“德”不同，自然作用“凡”的“德”也是不同的，作用“凡”的德主要为用德和证德，此“用”德主要是针对作用圣的“体”来说的。道与德合相彰显的程式过程中，玄德妙显显在圣与圣德妙用圣化凡，便是玄德与圣德妙用周而易的过程；用德彰显在凡与证德修持凡转圣，便是用德与证德畜势常自然易而周。这便是“在圣、圣化凡、在凡、凡转圣”周易易周程式过程中的三圣与三凡的具体所指所呈现的内容。

# 用德篇

## 天地之机曰用德

何为用德？天地之机曰用德；人统乾道与坤道于一身而有天地人三才之机。藏象生命系统以全息元象斗罡授时联系乾坤二道，且以往来阖辟交通往来而呈现天地人大运相关联，此关联便是精气神界域流变过程；从精气神界域流变联系天地人内外，人体外时空的大运相周天度数与人体内时空的全息元象内历法，共同形成天人合一全息元象。

大道体性合相生化成道大、天大、地大、王大而有道域、天域、地域、人域道体四域以及玄德、圣德、用德、证德的德性四体。玄德性作用道域显“生化”特性，圣德性作用天域显“母”特性，用德性作用地域显“乾坤”特性，证德性作用人域显“精气神”

特性。从乾卦言“大哉乾元，万物资始，乃统天”可以看出，“乾”道既统天，又是“万物资始”之源；道大与天大的集合，为乾，呈现乾道；地大与人大的集合，为坤，呈现坤道；乾道与坤道因生化而有源流变关联。

乾卦曰：“乾元者，始而亨者也。”以乾元言“始”，继而以生生之健言道生之亨通；始而亨者，有从元始到乾亨的过程，乃元→亨的描述。圣德至阳金性的生生之健，自乾元始，就显生生之亨健，并基于乾元而元亨利贞尽显，为生生之健的易道变化，自元始的易生，就不落一处而达万有，遍十方圆明道体域界，呈乾道的圣德性。立于乾道的圣德显“德普施”之大象，无论是自乾元始，还是乾元亨利贞周行，所在“天大”的乾道体域里妙显德普施的大象，乃圣德的德性所赋予。乾体大光明无碍，如果联系坤凡万物的生化关系，则乾体圣德的德普施为坤凡万物生化的动能源。从大道无极源起，自乾元生生之健始而亨，以道生之恒顺生势易道贯穿之，有“太易→太初→太始→太素→太极”的无极而太极过程，结合体性位域源流变之生化，则有圣化凡的“化”果。

到了圣化凡的化果的坤道后，因无明障碍，玄德与圣德不再十方彰显，其位域流变也转换成坤道与用德。乾道为道大与天大之集合，以乾道的统摄指向在圣态；乾道德性为玄德与圣德之集合，常以圣德来统称。乾道元亨利贞四部圣德周行，呈现普施、美利、性情、资始等特征，结合乾道德性以道生之贯穿的内容来看，正是先天五太的“太易→太初→太始→太素→太极”过程。以形下器坤地凡来集合称谓的坤形界，为地大与王大之集合，呈现坤道。坤道联系乾道呈现的妄想颠倒之迷失道和顺得常。坤道“承天”为上承乾道之“天”，为道→母→器程式中器域从母域与道域的“承”，从器域指向了坤的起源与来源为道域和母域，以及道→母的源流关系。如何承呢？为“承天而时行”，其中“时”为执妄迷失的“乾→姤→遯→否→观→剥→坤”周乾易坤过程之大时，因大时而有周乾易坤周而易七程式，也是坤的具体生化过程。在乾道，阳大于阴，故阴只能积聚种子源与种子的因缘，集聚阴性能量；当从太极浑沦相临界，阴大于阳的临界，从阴阳相消息到阴阳势均力敌而阴阳“必战”，诞生坤地万物，顺势不可当，迷也在所难免。

乾道如如不动妙化万有的大生，坤道纯静无知凡物躁动的广生，便是道生之中乾道与坤道“生”的动态图画。人道统摄乾道与坤道于人身，而有天地人三才道统观，故人承乾大生与坤广生于一身。人统乾道与坤道于一身，因人人本有如来智慧德相，其真如自性与乾圣无二，此真如自性遵循乾道法则；人的色身为坤世界中的凡尘，为五大假合的色尘世界，乃根尘蕴结集妄因无明所成，色尘外相遵循坤道法则，故人统摄乾道大生与坤道广生于一身。因其无明所障，人无法彰显乾道的神与圣，故以顺承坤道因果定律为主，以往来阖辟为至微至彰全时空显达性的主体。藏象生命系统以全息元象斗罡授时联系乾坤二道，以往来阖辟呈现其交易往来。

往来阖辟在人身如何体现呢？以阖辟言人身与乾坤二道之交通往来，一阖一辟乃一明一暗，阳主明，阴主暗，往来不穷便要立泰通，而非否闭。在乾道角度来说的阖关与辟开，为在大道恒顺生势下，坤道顺承乾道的众因缘和合而生，也就是说尽管在坤道，辟开的为因缘和合之种子，乃乾道作用的具体表达，乾道以其众因缘种子还在主导与运转着一切。从坤道角度来说，阖关的是乾道大生的延续性，人身的生为遵坤道规则之生，乾道只能以因缘和合种子作用，为大生阖关，在大生阖关的同时，辟开的是坤道的广生，为坤道广生所体现的无明因果众因缘。当明晰了阖关与辟开如何从人身来关乎乾道与坤道，乃至辟户之乾与阖户之坤如何在人身往来变通而显至微至彰全时空性，便知如何用德。所谓用德，乃用德主乾坤之性，以知德性之大知来明德用，再用德证之，则能从坤证乾。

从天人合一大运相再关联人体与内外时空统一而形成“天地人五行”运相系统，遵照大运相之规律且有内外历法之法度。天地人三才视野下的天人合一全息元象人体内外历法，以天、地、人三个道元位域呈现天人合一，其中“天”以天象言说辰次分野与五天五运，“地”以地形言说天象形态下的斗罡授时周天历法，“人”以藏象言说人体经络子午流注。天地人三才以天人合一全息元象为承载，完成融合统一，形成天人合一全息元象人体内外历法，从而把生命与时空形态融合在一起，从空间体形态上形成大生命视野。不仅如此，以天地人三才在天人合一人体生化的禀受赋予中，发生着天人内外合一的关联。

在“天”以天象言说辰次分野与五天五运。在辰次分野中，辰，为北辰——北极中天（俗称北极星）之称谓，辰次为围绕北极中天在天区划分出层次分布；与辰次相对应的地域谓之分野，这里指天区划分的界限；以辰次结合分野，形成以围绕正四时北极天之中形成日月星辰历象在天区的分布，称为辰次分野。辰次分野之间的联系形成了五天五运，在围绕北极天之中形成的三十一区天区分布之间的联系就是五天五运，以五行之气散流于天之五方，纪于五天，因此而命名立运。五天为苍天、黄天、丹天、玄天、素天命名二十八区分布空间，五运为在五天发生一定规律的精气运动。“天分五气，地列五行。五气分流，散于其上，经于列宿，下合方隅，则命之以为五运。” 此五气所经二十八宿，与十二分位（干支分位）相临。

丹天之气，经于牛女到奎壁四宿，下临戊癸之位，为火性之运。

黄天之气，经于心尾到角轸四宿，下临甲己之位，为土性之运。

素天之气，经于亢氐到昴毕四宿，下临乙庚之位，为金性之运。

玄天之气，经于张翼到娄胃四宿，下临丙辛之位，为水性之运。

苍天之气，经于危室到柳鬼四宿，下临丁壬之位，为木性之运。

五天五运气在辰次分野之间的五行之藏运动规律，正是以“天象”的关联存在着移精变气原理，五天五运气参与了人体生命形态的生化，一个完整的人体肉身生命过程要依赖精气神三大界域的流变过程，成为唯识中的外在环境因缘和能量体结构，从而参与了生命的形成。天象与地形结合呈现的规律与法度，就是斗罡授时周天度数，承载斗罡授时周天度数的就是中国古代周天历法，它既是一套关于认知宇宙时空且能精密计量的数学系统。

斗建，为以北斗运枢随斗杓所指而建十二月。在古代的天文与天象学上，以北极星（又称太一、天心）为轴心，北斗七星为枢机，随斗柄方位的不断迁移，有“太一移宫”，从而可以演周天度数，二十八星宿以“四象”分见于四方，其四象的二十八宿所主之不同区域，把地分亦划为二十四向（壬、子、癸、丑、艮、寅、甲、卯、乙、辰、巽、巳、丙、午、丁、未、坤、申、庚、酉、辛、戌、乾、亥），对应关系为以五天五运所代表的“五气经天”。五气，即丹天、黄天、苍天、素天、玄天五气，亦即红、黄、青、白、黑五色云气，分应火、土、木、金、水五行类属。在二十八宿中，从每宿中选定一颗星作为测量坐标称为宿距星，下宿距星和本宿距星之间的赤经差为距度。干支，天干地支简称为干支。甲、乙、丙、丁、戊、己、庚、辛、壬、癸称为十天干；子、丑、寅、卯、辰、巳、午、未、申、酉、戌、亥称为十二地支。天干地支组成形成了古代纪年历法。通过十干和十二支按固定的顺序依次相配，组成六十个基本单位，从而用于干支纪年、干支纪月、干支纪日、干支纪时的干支历法。

从天地人三才言人身，为以藏象言说人体经络子午流注。人体经络子午流注，是把十二条经脉与五脏六腑相配，依气血在十二个时辰中的盛衰规律构成的人体五行之藏的内时空动态。它是藏象生命系统统御和主导生理生命系统的传导纽带，更是人体内时空动态整体观必不可少的内容体系。人体外宇宙历法时空与人体内历法时空发生大运相联系，在人体运气系统的结合，就是五运六气，五运六气是内外时空大运相联系的结合，既依外时空历法的规律又将自然六气在人体中结合，发生与脏腑经络的关联。

其中以十天干的甲己配为土运，乙庚配为金运，丙辛配为水运，丁壬配为木运，戊癸配为火运，统称五运，以十二地支的巳亥配为厥阴风木，子午配为少阴君火，寅申配为少阳相火，丑未配为太阴湿土，卯酉配为阳明燥金，辰戌配为太阳寒水，叫作六气。在五运六气的内容结构下，按风木、君火、相火、湿土、燥金、寒水顺序，分主于一年的二十四节气，是谓主气。又按风木、君火、湿土、相火、燥金、寒水的顺序，分为司天、在泉、左右四间气六步，是谓客气。主气分主一年四季，年年不变，客气则以每年的年支推算。如年支逢辰逢戌，总为寒水司天，湿土在泉；逢卯逢酉，总为燥金司天，君火在泉。司天管上半年，在泉管下半年，依此类推。年干推算五运，从年支推算六气，并从运与气之间，观察其生治与承制的关系，从五运六气的生克制化运动规律，联系五脏六腑，以判断该年气候的变化与疾病的发生机理。

五运六气学说中，同五天五运的五行之藏运动规律一样，外时空历法中的季节变化、六气的属性、脏腑运转机理等方面，均按照木、火、土、金、水五行之气的根本规律以五行之藏统纳，从而做到归类以及发生毫无紊乱的生克关联，而木、火、土、金、水五行之气的根本属性，就构成了木运性、火运性、土运性、金运性、水运性的五行之藏，称为藏象范畴的本质，故能在诸多外象上显用，并有自然规律的平衡。凡逢甲己年则为土运所统，乙庚年为金运所统，丙辛年为水运所统，丁壬年为木运所统，戊癸年为火运所统。六气即风、寒、暑、湿、燥、火各见五行特征。

从人体的视野出发，其在天的天象与在地的地形构成了天人合一的“天”含义，以此“天”就有了“天”的辰次分野、五天五运、斗罡授时周天历法的集合内容，将人身以天人感应的方式与全宇宙全息交易联系在一起，即天人合一全息元象学说。宇宙万物统一在四象五行法则下进行的取象和比类，对藏象生命与生理生命共同作用的人身来讲，所体现的全息元象正是天人合一全息元象。

天人合一全息元象，体现在天地同律、人天同构、人天同类、人天同象、人天同数，宇宙与生命的相互收受、通应，共同遵循“四象五行”的对待协调、生克制化的法则。从人身往外来说的三垣、四象二十八宿、七政按照“大运相”规律与人体的五脏、经络、气血、精气乃至情志等方方面面的律动产生同步和联系沟通，从外来说的大运相有五天五运，那么人体内部也就有着与五天五运同步的运相，这就是人体经络子午流注图。如果把外部运相与人体内部的经络精气联系起来，就有了斗罡授时与人体经络的全息图，这是一个无比庞大但十分精妙的系统，也是通过人体而了解宇宙与生命本质的一个通道，从斗罡授时与人体经络全息图来说，世间百物不废，任何一物，无论是宏观之大或微观之小都与外界深入交易联系，以全息元象交易相互，而惧以终始，其要无咎。

人体经络子午流注，是天地人内外时空体融合最佳载体，并且依天地人三才在人体形成独特的藏象生命形态和生理生命系统，从而能统御和主导着生命的生理体征。在人体经络子午流注的概念中，“人体经络”构成了以人体为承载的经络系统，它是人体内空间在经络层面的整体视野，构成了人体经络空间，“子午”是干支历法中的干支纪时，从子时到亥时一日十二个时辰，而在十二时辰中，子时一刻，乃一阳之生；至午时一刻，乃一阴之生，故以子午分之而得乎中也，同时，子午也是后天八卦九宫中的坎一离九宫相对应的坎一子、离九午联系，在时间含义中蕴含空间含义，结合人体经络空间，形成了人体时空体的视野。“流注”为气血遵藏相动能义的循经动能在人体经络中的流行灌注，流为依循经动能而往，注为气血灌注经络和穴位太极器官及太极能量场满后的住，满住；以此流往和满住构成了阴阳盛衰、营卫运行，经脉流注，时穴开阖的内动态法则，从而依藏相动能和内外时空法则次序呈现生命的动态。

从人体经络子午流注所在的藏象生命系统，再从藏象生命系统延伸天地人五行之藏的生克制化整体观，就能明晰生理机能中的脏器功能有条不紊，不仅在内外时空体有天人合一全息元象的密切联系，而且在生理生命系统的脏腑本身还有首脑主司在主导和统一制调。藏象生命系统统御并主导生理生命系统而有人体诸生理体征，在脏腑层面就是十二官相使，或称为十二脏之相使，十二脏指肝、心、脾、肺、肾、膻中、胆、胃、大肠、小肠、膀胱、三焦等十二个组织器官，官者，主司、掌控、功能之义，十二官为基于十二个组织器官的相使功能，故而“脏”并非五脏六腑之脏腑分别，而是主司官职，是高于脏腑组织器官生理形态的首脑形态，有首脑主司在主导和统一制调的脏腑十二官，在人体经络子午流注下建立了关系，从而构成了藏象生命系统与生理生命系统的无缝联合和转换。以人体经络子午流注，从人体内部的时空体视野把天地外时空体融合起来，从而形成完整的人体内外历法。

从人体联系天地人内外，由天人离一呈现天地之间移精变气的生化联系，以及由天人合一呈现的天地人五行之藏的大运相关联，此关联便是精气神界域流变过程。

先天运相界域的精气神形态，分为太极生而未分万物凡源的精气神三元一体源体态，染浊义后分后循生临界与分生态，神主气精与精气关联的运相态，或简称为源体态、分生态、运相态。其中源体态中的精气神三元一体为元神元炁元精三元一体，是太极浑沦相中的“太极体一”视野，为万物凡立于太极体一的发端“源”。此源是形上道和形下器为界域来言说万物凡的源，在此源上,开展了道元位域的分化,形上道三元一体的真如义是道一元，而形下器生而分有元神、元精、元炁三者的道三元，从此展开关于道元位域广三元之总纲，世界中一切变化均在道元位域广三元之总纲中演绎，而演绎的法则为循顺置返法则中的一七九变。

源体态的三元一体，就必然从元神元炁元精这三“元”指向了生而未分的太极体一的“一”体，元神元炁元精三元一体在道元位域上为器三元道一体，或者称为命三元性一体。器三元道一体是性质综述，形上道的无极而太极乾天圣为道，万物凡均从此出，广大悉备无所不包。由于我们是围绕万物凡，尤其是立足于人来研究生命和生命的形态，故围绕“命”，从源体态含义指向命从性生，也是道→母→器程式呈现的源流变关系，此命为器命、生命，包含狭义的人命。器命与生命正构成了人命的形成过程，虽然最终指向了人体的人命，但通过器命与生命的描述，让我们真正了解到人命的形成过程。命三元就是精气神三者之元，为精、气、神三者各自的形态域，而运化精气神三元命根的为阴阳两仪。

在源体态与分后循生临界态精气神的太素至精能量体形态，就是对元神、元精、元炁三者最佳综合表述，元神所在的“种子”

本质是根本，元精是太素，元炁是至精形态的气。当随着分而生阶段的出现，精气神三者的形态生化转换成先天神（已熏的为识神）、先天精、先天炁三者，这是精气神从三元一体后真正意义上的第一次“分”，分的形态上有精气神一体分为三者，分在藏相动能态上为从“元”态生化转换到“先天”态，分在能量体形态上从太素至精生化转换到太素生命素，这一次从元态到先天态的分，标志着精气神生命形态运相阶段的到来，精气神就转换到运相态上。在运相态中的精气神形态呈现了神主气精运相运动，神为识神，气精运相运动为和精与和气精气关联义。

作用运相运动让精气神发生生化转换的实质就是天人运相离一。天人运相离一，为元态“库”离，精气媾和“轮”位出，伴随神主气精呈现生命能量体的列星气轮义之和精和气库轮态。“离”是从源体态的“元”态万物凡发端之源起，来说生而分的原理，有内容形态离、能量体离、运动形态离三层含义。其中内容形态离为三元一体因无明染浊生而分出先天神、先天精、先天炁三者；能量体离为从大一元论道元位域视野下的阴性仪的太素至精，堕落成广三元论道元位域视野下的负阴阳平衡的太素生命素；运动形态离为先天神、先天精、先天炁三者内容形态的唯识变现各形态运动，形成了识神主和精和气之精气关联现行，发生了精气关联以下的精和气的聚合。

后天藏象界域精气神形态，分为胎光玄精入先天与后天之流界门临界藏象命门的命门态，后天藏象胎光玄精在藏象命门空间体发生命门离转动态升降的离转离散态，宫库田轮离转离散后五藏神分布而未有窍关七门通道的实质内丹田态，或简称为命门态、离转离散态、内丹田态。

在命门态的精气神形态为后天藏象胎光玄精精气神聚合一体，它是先天胎光的“神”层面、太素生命素的和精的“精”层面、五天五运气的和气的“气”层面的在后天藏象融为一体。离转离散态的精气神形态分为宫库田轮三库轮态下“神”形态、“精”形态、“气”形态，其中“神”形态为上黄庭泥丸宫神库，中位外境为丹田轮神田；“精”形态为中黄庭心绛宫精库，中位外境为丹田轮精田；“气”形态为下黄庭命门宫气库，中位外境为丹田轮气田。内丹田态，为宫库田轮离转离散态后，五藏神在丹田三轮所在的中界膜与结带膜之间的时空体空间进行分布，形成未有窍关七门通道的实质内丹田态，是宫库田轮三库轮态下“神”形态、“精”形态、“气”形态以具体的五藏神之魂、神、魄、意、志五态联系人体命象的五行之藏系统，而有肝魂、心神、肺魄、脾意、肾志的五藏神综述。它按照精气神在宫库田轮三库轮态与人体命象部位的结合，向人体命象结构转换。

作用后天藏象界域三阶段发生精气神三态离转离散并生化形成五藏神的实质为天人藏象离一。天人藏象离一， 为先天神主气精能量体的库轮义离，后天藏象的“宫库田轮”出，形成黄庭三宫统御的精气神聚合形态下的宫库田轮能量体结构，并生化转换五藏神。与天人运相离一以“离”为主体不同，天人藏象离一以“出”为主体，它形成了藏象空间体出、能量体离转形态出、五藏神内容生化出，这三种围绕生命形态生化转换“出”的含义，开始成为生命形态中实质性变化。

人体命象界域精气神形态，分为藏象内系统依窍关七门，流变转换为五藏神外丹田精气神形态的外丹田态，七门与十二结节通道形态下在胎形中以中脉为主体的三脉七轮的胎形态，依三脉七轮统御的人体经络系统周流人体命象空间形成合而成形以及形而成体的周流态，或简称为外丹田态、胎形态、周流态。

外丹田态的精气神形态中，外丹田的“神”形态为泥丸九真之人脑三界构，外丹田的“精”形态为运化精与生殖精，其中运化精为通过肺肠系统、脾胃系统运化的水谷精微与呼吸凡气中的气微精，生殖精通过身体生殖系统运化形成的精。丹田的“气”形态为人体命象之气所在的脏腑运化之气、经络之气、气血之气，为阴态；呼吸凡气，为浊阴态。胎形态的精气神形态除了形成了依三脉七轮统御的人体经络系统外，还依胎形合而成形以及形而成体的胎体把周流态结合在一起。胎形态和周流态的精气神形态，为天脉与中脉两个道元位域的气机同步冲升融合，以胎形体将四大融合统一，融合后五藏神统御的灵气五态（五脏五行）能量体和七液妙气按五行之藏规律，灌溉全身七万两千多条经络，形成胎形能量体，以此形成在胎形体空间，命象精气神的各种能量源和形态都是依五藏神统御的灵气五态能量体统御、主导、灌溉、生化转换形成。七万两千多条经络的灌溉以经脉和络脉为主体的人体经络系统，形成十二经脉、十二经别、奇经八脉、十五络脉、十二经筋、十二皮部六部分组成人体经络精气系统，而人体经络精气系统的能量体源不仅是五藏神统御的灵气五态（五脏五行）能量体，还要从五藏神内外丹田精气神三态在人体命象结构的分布结合来看待，是一个极其复杂的人体经络系统经络立于人体的道元位域结构。

作用人体命象介于三阶段精气神形态生化转换的实质为天人命象离一。天人命象离一，为后天藏象内外丹田精气神能量体离，以中脉为主体的三脉七轮统御人体经络系统命象精气神的能量体出。对比天人运相离一以“离”为主体以及天人藏象离一以“出”

为主体的不同，天人命象离一为以“变”为主体，它形成七门窍和十二结节变、胎形自人体命象空间合而成形变、天脉与中脉关联气机冲升生命象的变，这三种言说藏象与命象转换实质的“变”，开始成为生命形态中最具决定性的禀受布局变化。

天人命象离一“变”的含义，就呈现了由后天藏象界域、人体命象界域、胎体界域共同参与生化形成生命象胎体人身——胎体界域的实质，并且围绕界域转换、能量体转换、空间系统转换等内容，形成了布、聚、流的诸多阶段。布为藏象第一次和第二次平衡发生的能量体生化分布，尤其是五藏神内在人体命象界域的外丹田分布和以中脉为主体三脉七轮统御人体经络系统分布。聚为中脉和中脉主轴视野，是五藏神外丹田精气神三态分布形成三者分离后的聚合态，以及立足于外三丹田主体结构并分布周流形成能量体空间的中脉主轴，并形成以此主轴联系起三丹田的精气神诸形态和人体经络系统。流为分布义和周流义，还有五藏神藏匿与蓄积精气中的藏魄和藏精过程的“流”义。

生命的形态，经过先天运相界域的天人运相离一，后天藏象界域的天人藏象离一以及人体命象界域的天人命象离一的生化转换流变，形成了胎体界域中人体肉身的实质。围绕藏象生命系统与生理生命系统而言说藏象与命体的结合，这个结合非单独两套系统言说而结合，而是先融合，就如天脉与中脉气机冲升下的四大融合一样，藏象生命系统无不是与生理生命系统完美地融合在一起，且从精气神来言说生命形态的本质，精气神藏象形态最显著的特征就是围绕“藏”，也正是因藏义才有人身肉体乃至生理生命的象，从而从生命形态的生化转换的过程，来赋予生命藏与生命象在基于藏相法则的深刻关系。

正是由三次天人离一的作用，精气神经过先天运相、后天藏象、人体命象界域流变的过程，在胎体乃至人体构成以人身长大联系天地，形成天地人三才合一。天与地经过了“太极五生象”后天五生生育过程，使精气神融合在人体而把天地含义联系并统一起来，这个统一就是天地人三才道统观。天地人融合与联系的载体就是精气神，精气神通过在先天运相界域、后天藏象界域、人体命象界域的流变转换过程，呈现了以精气神为内容形态的，以三次天人离一为转换动态的天地人移精变气的生化联系。

天人合一呈现的天地人五行之藏的大运相关联，构成了在天象以辰次分野与五天五运相联系，在地形以斗罡授时周天历法相联系，天象与地形结合构成了人体外时空的大运相周天度数，统一在人体形成五运六气下的人体经络子午流注，构成人体内时空的全息元象内历法，共同形成天人合一全息元象。

# 盛德篇

## 阳善之政曰盛德

何为盛德？阳善之政曰盛德；自性君子以全大体的德政治理行王化之道而有内圣外王的大乘典范。自性君子以治道之小乘行阳德普施全大体求大同之大乘，从而内外合德而德文明盛大。以德教十政行行德化之功，既有小乘治道之利，又有大乘德教之全，从而成就身德同有、德序统有和德文明丰有的文明状态。

自性君子经志明双用证内圣，当以内圣之自王化天下治天下归德。从全大体言治理，便是通过构秩序、系君子、养大正后，能实现用德教十政化明夷的大乘之德政。言天下归德，乃以“德”为核，依君子健身德进位德，治明并升志，内能正固其德，外能行德政教化，内外能精气交感而以神感通，又能执养正之功蓄养内外，以正固之利使阳刚壮盛且德裕盛大而得大正之道，再以治道之小乘行全大体之大乘，并执正大之精神，以德固治其内和德制治于外而内外合德。圣君子内圣同明，教天下人化无明且转识成智，出现盛大丰有而无所不有的“大同”化境。

确立与共之必须才有君子与共同治。六十四卦以体时位（六十四体位与三百八十四爻位以德位法则贯通之）之全体共同呈现方圆时空，此乃自然法序赋予的与共属性。天圆地方非“地平说”，是以天地比类乾坤，以天乾地坤来言宇宙全体（以“天”比类乾，言性，性圆明而遍知，谓之神，乃道之所成性之所化；以“地”比类坤，言识，识迷且执而知之有限，用之受限，谓之方）。至微至彰同体承载便是方圆的与共属性，以六十四卦之全体可以比类任何至彰，以爻位之个体亦可比类任何至微，故而至微至彰同体承载亦是六十四卦方圆时空的法序属性。六十四卦方圆时空的与共属性出于自然法序，符合道法本理。也正是因为方圆时空的法序属性，使其卦与爻之间充满了交通与交感秩序，它可从微小影响至大，秩序是否交通，联系是否交感，影响着所有一切，也正因事关重大，以此产生的“修思永”的长久意识，成为治理学的指导思想。

乾坤同治的基石是以正序得常恒久而见序德，德文明之成在于以德序统有而健德文明丰有之正序，以正序养大体并以一序载所有而全大体。君子是贯穿建序与德政全大体的重要枢纽，无君子之担当和作为，便无以建正序，更无以践行德文明丰有而大同之愿景。正是通过健身德之正位、明德之正位、志德之正位、交感之正位、养正之正位等治君子过程，方能赋予随君子升格而有德政扬升之实质，使君子成为谱写治道文明之利器。乾、坤二卦总纲秩序本原和道法本序；在治理学上，以乾卦行健和坤卦载德成为德位思想之主体，其余之卦，同乾、坤构成体用关系，以完整的德政治理系统而形成治理学模型。以乾坤二卦言君子与德教之道，有从坤到乾修而健治君子以及从乾到坤治而教行德化之程式；从坤到乾，以修而健治君子，并不局限于使小人健德成君子，更以草昧君子、进位君子、当位君子、在野君子、尊位君子、得道君子、失群君子与卦爻相配，以身德君子修德政，使君子执政事教他人健德，赋予君子更高职责与使命。从乾治坤，以治而教行德化，以君子担当的匹夫之责，立君子健德并执德政之典范，立世并入世健德，再以德范行德政教化邦、民，达君子全大体而大同之愿。君子与德教程式图，秉道体德性之本，围绕“德”的修证与教化，赋予君子之使命，再以君子之质地行德化，赋予德文明之使命，无不都在践行正大之事业与全大同之理想。

大正之道。为君子依明德，值任何一卦之当位，履卦体内在法序，行卦体自身之治道，使其能称位和配位卦德，而得其大正之道。得位、得时、得体，皆谓大正，能依任何一卦的大正之道，探究卦体治道，洞悉卦体内在法序，履卦体当位之时、位，从配位之德健卦体大明之德，最终通其道体德性，治大明。

正大之事业。执抱元守一之精神，以萃正、颐正、蓄德以及纯粹精神的养正之功，使德刚体壮而通君子正，凡能得正之事，皆能养外德、健善政、化德教贯通于执天道行王道之政中，来通天下大正。从大正之道执天道行王道，以中正养大体并全大体，使天下所有体皆能正大；从大正走向正大，便是从一卦之体，走入卦体之全，以“大”而应所有，把中正之道，放“大”在全万民之体中，并建“中正”成序，再以一卦之序贯通所有正序，从而建成适用于大体的正序。正大之事业，乃是全大体而建正序之事业。正大之序，以“中正”立义，以“全大体”为用，贯通法、礼、德三者正序之“正”，以正序统治道，使天下所有体皆能正大。

大君子的大乘之进。值诸难体，必然有圣贤、大君子、君子等群体，就算被伤亦要进往诸难体，是舍身取大义之行，是“我不入地狱，谁入地狱”的大悲之行，以舍阳壮之身投入阴妄之体，以纯粹精神且抱元守一的内光明，刚而化外，照外以大明，乃救苦救难、慈悲喜舍是也。正大之进，贵在转化，转化之首要便是教他人成为君子，使君子群体壮大，让每一个养德有成的君子都有济天下苍生脱难之志。天下大正，在于进善政，化德教于外，此“进”与“化”便是执德政而普施教化的治理过程，行“达至理入大乘行教化”的王化之道，肩负振济明夷治理暗众之大任，以全大体的德政治理行王化之道。六十四卦皆言大乘之治理，卦卦言大乘，爻爻通全体，观易之全体，实乃以道→法→术→用之王道系统而行王化德政。

德教十政。观卦以王道系统行王化德政，中孚卦以正志求孚同应得信行孚信德政，涣卦以宗庙制礼正涣风立德范行宗庙制礼之德政，夬卦以德决共建夬制行建制德政，晋卦以乾坤合德精气神三全行光明升华之德政，离卦以明德照四方治服同天下行德照之德政，贲卦以内外合德文质相资行德文明之德政，鼎卦以鼎之重器凝天下使命行使命德政，同人卦以志通同人行志通德政，大有卦以天下归德行德服之德政。德教十政以鼎卦统领，在于鼎卦立君子使命、王道使命、文明使命、德位使命、道德使命，以此凝君子天命，使天下君子正位居体，发乎从正大到大同之事业。正大之事业与大同之理想，无不以志立鼎，用志作鼎，犹鼎器之重不可移，所谓大器大用，便是如此。

在观卦，以中正大观观四阴不正致祸，再行王化之道观民设教而德化天下；在中孚卦，通过专诚之信在小内与感通往来之应在大外，立孚信，以中孚“乘木舟虚”之利，用专诚斩妄去欲，立诚信感格四方。在涣卦，因中孚的“豚鱼”之教刮起涣体风行水上之祸风，致使涣难发生，涣体以宗庙之道立重器治涣，以正风气之能，行摄众志与凝人心而振济涣难。在夬卦，以德决之道成就夬体“制”文明，使比卦以 “元永贞”之精神所作比制之愿景终成于夬体，行一制决所有与一序刚万德之能，以夬制载万政，又以夬制正序所有而厚万德。在晋卦，以崇德推明行光明之道，犹以德为核的三次升华，至晋体使乾坤合用而内外合德，内外合德以全“丽乎大明”之精神。在离卦，以德照之道治本性文明、社会文明、王道文明、德文明四种文明，形成以生化之性、生养之德所成就的天下丽明之正道，并以明丽之内文明化成文饰之外文明。在贲卦，聚晋制离序之功使外政能自养并正固内阳，内外合用又文又质成其卦体文明之象，治德政文明有成，且贯通各卦治道而化成天下。在鼎卦，立“鼎”象而健君子使命、王道使命、文明使命、德位使命、道德使命，以此凝君子天命，来发乎从正大到大同之事业。在同人卦，以志通之道通天下君子之志，形成离与天同且众阳皆应的同人之应，以天下众人无所不同之德同，构建德文明成正序之同。在大有卦，以德服之道治德服天下，形成德被四野，无所不照，德服天下，无所不服的盛大丰有之境。

观教君子治王化。在观卦，观四阴不正致祸，再行王化之道观民设教而德化天下。大观天下，在于笃恭之极，如临大祭，而孚诚之念存于中，孚信在中而颙然可仰，下民望之信从而化服。何为大观？从观天道、观四时法序、观宗庙、观天下民状、观政、观教化……而言大，正是根于道→法→术→用之王道系统之观。在观卦，以俯仰之察，察天地之道，再入法序之要，师法、效法、取法自然法序而“中正以观天下”，再以王道系统观其所有，行养正王化之道，正是以政见善，以善健德，以正德行教化，其德行被民所观，德政被人所仰，德性被君子所大知。之所以能“中正以观天下”，在于中正之道所贯穿的孚信之德，无论是言明志治小体，还是存治道全大体，犹以孚信贯穿易之全体，无论是卦体，还是诸爻位，皆处处见孚，位位见信。

信君子治孚信。在中孚卦，通过专诚之信在小内与感通往来之应在大外来立孚信，以中孚“乘木舟虚”之利，用专诚斩妄去欲，立诚信感格四方。中孚卦立““豚鱼””言卦德，以专诚之信在小内，通过咸出萃入之气机交感，使感通往来之应在大外，既通信之本，又通信之实，以感应之体全中孚之德，呈现感应之道。中孚之用，既以专诚斩妄去欲，又以感而有应行中正之道，以此“乘木舟虚”之利，虚实相济，以诚信感格四方。言感格，以宗庙承感格之道，故涣卦以“王假有庙”立卦德，并崇尚宗庙之道。同为“感格”一事，观卦立孚信，主言诚敬，以敬示诚，敬于外而诚于内，治感格于大观之主体，以德政与德化之感格，使“德”的外、身、政位域明晰，又在同一观体之中，既在以敬示诚之行外，又在以诚治信于身内，还在以仰求同的王政之中。萃卦立孚信，以“庙”的收神取信之能主言聚气凝神之萃取，萃取者，以收神凝聚之专再取信，再以收、取相兼而言信德；萃犹能聚，舍识弃意虚我从心而神不外驰，以心通感而萃神以聚，继而聚气，既萃聚君子同人之志气，又萃聚贤才养邦之正气，君子与贤才皆以“宗庙”精神萃聚而志心向邦，使宗庙成感格天下而教化的器用之物。中孚卦立孚信，以““豚鱼””之隐微主言专诚，以专诚通感格之要，感格犹在乎诚，祭祖要诚，感通要专，才能令祖、人精神相通，推中孚之道，立诚信之本，才能以诚信通感格而行王道。

庙礼君子正涣风。在涣卦，因中孚的“豚鱼”之教刮起涣体风行水上之祸风，致使涣难发生，涣体以宗庙之道立重器治涣，以正风气之能，行摄众志与凝人心而振济涣难。在涣卦，因中孚的“豚鱼”之教而起祸风，涣小人以华美外扬的翰音飞天而人伪中孚，以不文且无质的“乘木舟虚”伪作孚信之事，其伪诈之行径被中孚君子揭露，反被涣小人起无风之浪中伤与迫害中孚君子，刮起涣体风行水上之祸风，致使涣难发生。涣体以宗庙之道立重器治涣，以行宗庙礼制之务实，代替了乘木舟虚以致远之务虚，以此止住行“豚鱼”简祭的人伪中孚之歪风，以正风气之能，行摄众志与凝人心而振济涣难，从而达到了正魂魄、聚人心、摄众志之凝精神且治于精神之目的。涣卦从起歪风的涣因起治，以宗庙礼制之刚凝精神而正风，致使涣散之歪风以“刚”正而成德教德化之风，使涣散之体重新回到君子当政的正轨上。

夬君子治德决。在夬卦，以德决之道成就夬体“制”文明，使比制之愿景终成于夬体，行一制决所有与一序刚万德之能，以夬制载万政而厚万德。宗庙礼制严正了伪作孚信之歪风，从而根治了涣难，夬卦以“刚决柔”的德决之道，使君子当位而道长，就算人伪中孚，想以孚信为凭得进位升迁之利，涣之祸风被止则涣难自解，且以君子当道行德政而励精图治。因明夷暗众与涣小人伤君子与伤阳已久，使王政百废待兴，夬卦以五阳决一阴而行德决之道，以决从革，以革之新去涣之故，以刚制决群阴之欲妄，从而形成了去祸患之根在夬卦，夬制建新序谓一制决所有。经过共决最终决出夬制，不仅从涣因起治，还从体制弊端的涣祸之根通过建制而根除，制成而德大，以取新夬制成新政来载王道之政。在夬卦，以夬制载万政，又以夬制正序而厚万德。德政得亨通，教化乃风行，一制之明，如明出地上。明出地上者，晋也；晋反明夷，此进为正大之晋，亦为治暗大成之进，从大壮的正大之进，到晋卦的正大之晋，是德政成制而大治的结果。

晋君子化光明。在晋卦，以崇德推明行光明之道，至晋体使乾坤合用而内外合德。晋卦以阳“进”立象，以柔进为义，以日中大明取德照，以得顺而得晋道。晋卦通过康侯“昼日三接”来表功、彰德、显明而立崇德推明之卦德。康侯前有定邦安国之功，后又以晋体德制而有主明、顺下、得公之治，同晋体明君一起，以君臣和顺而合晋，使德照万民，并以此激励天下有德有功之人。从明入地中之明夷到明出地上之晋，皆有“升华”之实，尤其是德为核的三次升华，第一次升华为精气化神之升华，亦为升其品格，华其精神；第二次升华为神主气精之升华，亦为升其境界，华其光明；第三次升华为精气神三全，亦为升其神通，华其万用。经过大壮升华之进、夬制刚进、升晋之进的刚壮升晋过程，呈现晋体之“进”义，阳进成晋终是德进，至晋体使乾坤合用而内外合德，既有内阳化外德，又有外德入内阳的通明过程，以内阳内蓄，外善外积，使晋体大功昭著，大明彰显，晋体坤众亦因德照而受福。

离君子治德照。在离卦，以德照之道治本性文明、社会文明、王道文明、德文明四种文明，形成以生化之性、生养之德所成就的天下丽明之正道，并以明丽之内文明化成文饰之外文明。离照必行大观，为因观而照。大观以明观，无明则无以观，尤其是明出地上但尚未到晋中的离照过程，离明不足，尤其要行大观之政，以中正大观而离明，为照之有方，照之有方则德政丽之有法。先照能照与可照之人，教之以德，待明到晋中再施普施之照，照之以精气，普施予万物，也正因观而照之政，方使离明之照生大德，以德核之驱动，得晋中之离明。无论是离卦还是贲卦，均以辞言“化成天下”，大道之所以能化，在于道生德畜之本性，在道母器程式中以道域生化器域，天下生养于土，以土性而言生养，皆要明其“性”，离之化、离之美、离之明、离之照……皆根于生化之本性，因其本性文明而成久照之源。以文明而文丽之“文”，治德文明。言德文明，为前三种文明之集汇与沉淀，尤其是为君之明逢臣之明，以君臣际遇治万民生养，以道→法→术→用之王道系统健德，从本性之德到外象所显之德，以其本末贯穿，便是德文明之健之极也，故而生“文饰”来积累与沉淀德文明。文者，圣贤以通本而达末之明，治其经典也；饰者，以经典对德性、德行、德政、德位以“离明”而饰之，以无为之言，言德性之无不为。

治德文明在于本末相成、文质相资，以文饰之道传承文明，德文明得以弘扬和传承，再以文归质，更是以“德”普世之所在。

贲君子化德文明。在贲卦，聚晋制离序之功使外政能自养并正固内阳，内外合用又文又质成其卦体文明之大象，治德政文明有成，且贯通各卦治道而化成天下。从大正走向正大德政中，从明夷卦→观卦→中孚卦→涣卦→夬卦→晋卦→离卦→贲卦，经过七卦德政之累积，自明夷无明而治，历经观卦的王化之道，中孚卦的孚信之道，涣卦的宗庙之道，夬卦的德决之道，晋卦的光明之道，离卦的德照之道，使德政之治道已聚势成山。贲卦上体之“山”如同天在山中之大畜体，能通乾天之气的艮山，乃养正蓄德而成，而贲卦之山乃德政治道之山。言治道者，为德政之功经过一卦体的治理和沉淀，以治卦有功而成治道，既集一卦主体之思想，又汇通上下卦体形成对各种问题的解决方法，经过体、时、位综合检验而能成称位一卦之卦德，使其卦德配位卦体而成治道。故而贲卦集德政治道之聚，既集各卦当体之卦德，又聚各卦治理卦体之政，能从错综复杂处联系彼此，找到互通之理和联系之序，也是之所以能聚势成山的原因；既有各卦体之治道，又聚各卦体治道成同体，形成以德政治道来统一而沉淀德文明。治道之聚，最终是制与序之聚，形成德文明的沉淀必然要先从卦体治道来建制和建序，只有制和序的稳固才有治道之成，卦体治道既是治理卦体的核心思想，又是解决卦体诸多问题的方法，最终形成制和序的沉淀，并汇同到德文明之主体上，且这个汇同的过程便是气聚和神聚的过程。神聚者，一个卦体的治道思想谓之有神；以治道思想治理一个卦体使内外皆通泰谓之得气，以每个卦体之气贯通且汇同而有气聚，易体之所以有卦序以及有方圆图，便是在于得神与得气，使其发生同体又位域的神聚与气聚之汇。而这个聚、汇、合便是贲卦之特性，贲卦之成必集诸卦气、卦神于一体，尤其是从大正走向正大的德政七卦。能够发生治道之聚、气聚、神聚的贲体，最终是德聚，以德聚之核而引发外在诸多之聚，所以贲卦犹言德，尤其是继晋、离二卦崇德推明又德照四方，其德体到德用已然有成山之势。

德体者，内德刚壮成纯粹精神之体，德用者，内刚化外政再厚万善于外。从明夷卦至贲卦，皆从内阳精神之体，此为诸卦的驱动之核，而且大观、中孚诸卦，尤其是晋、离二卦，犹依德核而化外政，有万善积于外方使丽明之所以能明、能照。最终至贲卦，使其内外合聚而成德之大体，精气化神与神主气精相互传化与充盈，治道之德因气、神之贯通而彼此相连。贲卦山势亦乾天之气，同大畜卦德蓄于内相比，贲卦山势聚于外，以参天之势聚而通天气，从而施生万物，运转精神。精神存于内，故而至贲卦内外相通。之所以贲卦能止外政而得静，在于贲卦从夬制，得晋制，依离序，以制和序之优越性而止纷繁外政，集治道之聚、气聚、神聚之聚同而凝聚成德制。晋卦与离卦皆言厚万德，在于有万众之多，及有万政之繁，以一制止万政而得静，当外政得静，便能与内阳精神融合而体用一如，外善入内阳，内阳化外善，乾坤合用，内外合德。

内外合德意味着在贲卦德政之外善，依晋制离序之功，使自政能自养，且还有外善化阳德入内，正固其精神，这便是阳火之来源，也是“质”成于内之因。正大之政，皆是以内阳化外政而养外，值贲体止万静的临界时位到来，形成了内外在“养”上的平衡，使外善能自养外，原本内化外而养于外的内养，因外能自养而可坚固其内。贲以外势之成而成其内外，从一卦汇同正大之政有全体之成，从单纯的内文明以内外合化而纯粹精神，便是贲卦言“文明”之所在，贲卦以聚王道之德政成山于外和集内德刚壮而成阳火于内为内外卦体。言贲卦文明，首先集德政之大成，以山势之成而有治道、气、神聚于贲体；德政者，执天道行王道所能言及的一切有德和教化之政。贲卦聚晋制离序之功使外政能自养并正固内阳，而有德政文明。贲卦之聚，终是德聚，德之聚在于蓄德养正之功，因蓄德养正且刚壮其内而有养正文明。养正蓄德在于精气能聚，而精气之萃聚在于是否与大秩序建立天人合一全息元象“动态”交易联系，贲卦行萃集成山之聚，故而因精气通泰，而有交感文明。晋之照，离之明，皆言德化，以内阳化外政且外善养外政之德化，而有德化文明。文明之成，在于有君子，君子升志与当位执德政来贯穿所有治道，而有君子文明。贲卦言文明，终以集诸文明之成而建制成序，以法、礼、德三者成制，又以法礼德三者成一制正序，而一制便是德制，一制正序便是德序，从一制决所有升华成一序载所有。德制之建，起建于比卦，成于夬卦，升华于晋卦，成序于离卦，以贲卦文明之成，而成德序。诸文明有成，全在德序之功；或建德序于卦体治道中，或被德序所载而成其内外大治；皆围绕“德”为核，守正固之利，得大正之道，成其正大之志，君子健身德进位德，治明并升志，内能正固其德，外能行德政教化，内外能精气交感而以神感通，又能执养正之功蓄养内外，终以德固治其内，德制治于外而内外合德，汇通成德文明。

鼎君子凝使命。在鼎卦，立“鼎”象凝君子天命，来发乎从正大到大同之事业。鼎卦立“鼎”象，立以烹养贤、以贤养正、以正立法、以法正序、以序命德五种释义健君子使命、王道使命、文明使命、德位使命、道德使命之五位使命，以此通天下大同之志，无外乎以“鼎”则天道、缘民情、鼎立法、凝正命，从而使天下君子正位居体，健德于身，进位以位，行善以政而凝重天命，使精气神畅于四支，发乎事业，以此凝“命”而通天下大同之志，犹鼎器之重不可移。所谓“君子以正位凝命”，必治明德通万物之性，以俯仰之察，缘民之所需，再法鼎之象立法之正序，以正立法养民、养贤、养序、养礼、养德，从而正位居体，以此文明之健来教化安民，使人人皆能成明鼎且知鼎的鼎象君子，从而以其大乘心，上能明天道之正，中能行王道之正，下能化万民于已身而行善政。鼎卦以法→礼→德三位一体成序，犹以“德”序为重，以鼎功之成使鼎成序器。从鼎黄耳到玉铉，以德器与序器之成，而有鼎文明至极。上九处鼎之终，有鼎功之成。以器言序，乃“法→礼→德”三位一体成序，使“鼎”成为礼器，更成为德器。

同人君子化志通。在同人卦，以志通之道通天下君子之志，形成离与天同的同人之应，以天下众人无所不同之德同，构建德文明成正序之同。在同人卦，在野君子由野济难，继而进德升志，其德经过升华晋升而有丽明之照，形成离与天同，离气与乾气相合且众阳皆应而有天下同照之象；言同人者，除应乾而同外，亦有众人同，同人卦围绕志同、宗同、异同、德同、服同而健德与修善，以“能通天下之志”的同人之志，志通同人而致通天下。贲卦内文明之火照明夷，发乎于内散之于外，故曰“柔”，为刚明之质在内而照通于外，因披被其离火光彩之文饰而有柔。“柔”者，柔性也，德性以刚成，以柔显，文以外，刚以内，乃象由性显。在同人卦之所以言“柔得位”，便在于集德政之事业，尤其是集晋制离序之德制，升华在同人卦有德文明之成。从德文明而言，文明出柔，德文明以“文明”化柔。

同人卦的德文明构建乃从法、礼、德三者合德升华成天地人三才合德。在同人卦，上体为乾，为天，下体为离，而离出自坤，离为坤之重阴生成阳中阴，言离则必有坤；再者，德由何载？为坤地所载，无论是乾阳之德还是离明之德，皆由坤载，故有地。曰同人者，为以人为主、为体，况且人在天地之中，故而天、地、人三才齐备，正当德文明以健之时，有同人的天地人三才合德。天地人三才合德之德文明构建，为德文明构建之极，天、地、人一切所具之德，一切可言之德，以三才齐备而无所不包。虽言德文明构建，但并非只言德，而是以德之广义，包含法、礼、德三者一体的秩序文明，既有比卦之美制，又兼具履卦之礼制、礼法，最终集于德、包于德，而言于德，方能行泰通与蓄聚之实，出现同人之治，产生大有之归服。集于德，把法治、礼治、德治集于德之一体，以德政和德教普施天下，如何以阳涵阴养其阴者不明呢？为健德以养，以火德升于天，同乾体之阳明照其阴异，使其明。之所以能产生德被四野而无所不照的大同之境，以及德服天下而盛大丰有的大有之境，最根本、最核心也是最具精神与治理价值的便是天地人三才合德之德文明构建。从德文明构建，以德位思想治则，既健之于精神，又治在德政；既使君子志通而行健，又使异者同，阴者明。

大有君子化德服。在大有卦，以德服之道治德服天下，形成德被四野，无所不照，德服天下，无所不服的盛大丰有之境。治德同必生德服，当德同天下必然德服天下，德服天下者，乃盛大丰有之大有也。大者，天下德盛之大；有者，德化后德服天下之有；乃德被四野，无所不照，德服天下，盛大丰有的大有之境，常和同人齐称“大同”。

大有继同人，乃继同人通志之同所生的德同，同人卦解决了天下人同有德的问题。同人以志明双用而求德同，当天下人进志求德同，必然会产生德盛之局面，德盛必有内阳照之而生德照，德照之道以晋卦、离卦为显著，晋卦光明之道犹主德之光明，离卦久照之道犹主丽明与文明之照，丽明根于德之光明，而文明根于德盛之光明，且最终在贲卦以内文明化成文饰之外文明成其内外同照，而有德文明之成。德盛必照，贲卦以内文明之火照明夷，正是德照需要发挥的“场所”，明夷得照才能成其同照，而明夷之体便是阴强妄大的失德之体，也正是正大事业所发挥的“场所”，当明夷暗众皆能求德之同，明夷则能自照。晋之照，离之明，皆言德化，德化有成，必有君子之同，君子执德化文明而进德政，使明夷暗众皆有德，正是需志同与德同共同贯穿，尤其是在明夷体使天下暗众皆发生同“德”的价值转变，从而求德取德，直至进志而有德。

德有者，乃身德同有、德序统有和德文明丰有。身德同有，从治君子九德得君子治身德之正，以身德之基再从同人进志而求德序之同，使天下万民持身德而求德序大同，身德同有成为同人卦与大有卦立卦之基，只有很好的解决了身德同有，才有求德序大同之基，才能真正的转变天下归德的价值认同，这种求“德”同而归德的价值认同，便是君子所通的天下共志，当天下皆立求德同之志，便有了从同人之“同”到大有之“有”的转变；身德同有，乃同人身德之同成其大有之德有。言德序者，乃集诸卦文明之成而建制成序，以法、礼、德三者成制，又以法、礼、德三者成一制正序，一制便是德制，一制正序便是德序，从一序载所有升华成一序统所有而有德序统有。德制之建，起建于比卦，成于夬卦，升华于晋卦，成序于离卦，以贲卦文明之成，渐成德序，从夬制德决所有到德序载所有，有“制”到“序”的升华；从制升序，乃以一序统多制。德者，性也，德之本性贯通所有法序，以德序合天地人共序，故而德序统有，乃大有盛大丰有之德有。从身德同有和德序统有而渐成德文明丰有。诸文明有成，全在于德序之功，诸文明者，乃德政文明、养正文明、交感文明、德化文明、君子文明、同人文明等诸治道之成而沉淀出的治道文明，德文明丰有，乃集诸文明而大有，又以德序统有而载统诸文明，形成盛大丰有之有同。

大同路径，乃天下归德且以德文明之成所实现的大同之路径，亦是治德文明而生德服之路径。所谓实现大同理想，乃践行大正之道，全正大之事业，而达天下大同的德文明与共状态，让“天下大同”并非不可触及之理想，而是有实施和实践路径。为从大正之道→正大之事业→天下大同之路径，实现天下归德且健德文明之成所呈现的身德同有、德序统有和德文明丰有的文明与共状态。从大正之道执天道行王道而全大体皆正，并以德序统所有正序而天下归德，以德文明正大之治道，治天下同服。天下归德，以“德”为核，依君子健身德进位德，治明并升志，内能正固其德，外能行德政教化，内外能精气交感而以神感通，又能执养正之功蓄养内外，以正固之利使阳刚壮盛且德裕盛大而得大正之道，再以治道之小乘行全大体之大乘，并执正大之精神，以德固治其内和德制治于外人内外合德，德盛生德照而放大光明，成就其身德同有、德序统有和德文明丰有的文明状态。天下归德而生德服，所谓德服，乃德同而自服，以觉性之通而至理与共，通其正序共理而无不服。在大正之治道里，立德政德化阴类，使阴类从正而有他服；在正大之事业里，以身德同有，万民持身德而求德序大同，有“德”的价值认同而自服；天下德同则生德服，在天下归德的文明状态里，因回归德性至理，以共服而无不服。大有德服四方，乃德文明富有，有德升于“精神”而精神圆明。

德教十政之功。正因德教十政之成，让“天下大同”并非不可触及之理想，而是有实施和实践之路径：乃践行大正之道，全正大之事业，以“执大正之道→全正大之事业→达天下大同”为路径，实现天下归德且健德文明之成的大同文明。德教十政之卦体，不仅执卦体之治道行德政，还以十政之次序以及十政之整体，执天道行王道，以中正养大体并全大体，践行正大之事业。德教十政有功，既在于治明夷大难以及诸卦体之难，使有患、祸、灾、难的诸卦因德治而脱灾免难，更在于德教十政以卦体之治道行小乘之德治，再执正大之精神，行全大体求大同的大乘之同治；既有小乘治道之利，又有大乘之德教之全。德教十政并非局限于化德系统之十体，从全大体之大乘而言，还集序德系统、身德系统、明德系统、志德系统、感德系统、养德系统、化德系统诸卦德政治道为一体，以德教系统之大成而有德治文明。德教十政有功，乃以“德”为核，以德固治其内和德制治于外而内外合德，德盛生德照而放大光明，使其产生天下归德而治其德服。

# 至德篇

## 实相之简曰至德

何为至德？实相之简曰至德；从性法象合相而见实相之德。性法象合相化简而出取象三画卦而演化八卦，从先天八卦在圣与圣化凡周而易过程，以及后天八卦在凡与凡转圣过程易而周过程，共同呈现周易易周本体程式，再结合十二程式，使其八卦与六十四卦全息交易万物而至微至彰全时空显达。言象由性显，必然要明取象用象之理，尤其是象背后之法则与法序原理，方能从象思维入象系统，再深入本体上而言见德性。

大道体性合相而无极体至阳金性，金性依生数和成数，生水性；何为水性？大道生生之健的道生之金性延展生化如“水”，大道源动能作用生化起始之动，为金性生水性，有天一生水，地六成之。金性秉水性之延展，显生发之性，以此生发之性显木性，有天三生木，地八成之。在金性、水性、木性的动态联系下，动态的延展与生发之性势不可当，如炎炎之火而显火性，有地二生火，天七成之。以金性之生生、水性之延展、木性之生发、火性之炎势的生化关联，便呈现了承载受纳之土性，有天五生土，地十成之。从五行之性生五行，从金性生水性再水性生水，就进入了宏观体世界显象，在道生德蓄之作用下，就有了万物的物形之以及万物之所以显象和如何显象的原理，即势成之。

体性合相之本原而有大道生生之健的道生之，为德性作用下的内微生化；五行之性生五行乃内微生化后物形与势成之法，宏观体世界所显的玩万象，乃大彰之象。从内微之性，外宏之法，到大彰之象，正是据性→法→象原理取象三画卦。在取象三画卦的机理中，元阴阳二气遵循“万物负阴而抱阳，冲气以为和”原理，其器部天下万物按阴阳法则及阴阳法则属性归入到阴阳盈虚变化中，是故易有太极，太极生两仪，两仪为阴阳，“阴”又生“阴中之阴”即是太阴，以及“阴中之阳”即是少阳；“阳”又生“阳中之阴”即是少阴，以及“阳中之阳”即是太阳。太阴、少阳、少阴、太阳统称为“四象”；在“两仪生四象”的基础上分化组合而有八卦，太阳生太阳之阳为乾，和太阳之阴为兑；少阴生少阴之阳为离和少阴之阴为震；少阳生少阳之阳为巽和少阳之阴为坎；太阴生太阴之阳为艮和太阴之阴为坤。八卦的八种符号便是先天本原模式的直接反应。

八卦的本质是什么呢？乃易道法则（九易法则）之于阴阳在性法象（天地人）三才时位下的法序特性；天地人三时位的阴阳关系共成八卦之卦体，天地人三才时位共成三画卦，每一时位曰爻，三爻成卦。时者，乃阴阳刚柔变化之时；位者，人居天地间，上位乃天，曰上爻，中位乃人，曰中爻，下位乃地，曰下爻。何为爻？爻者，交也，察事物表象变化与内在阴阳法则的交互关系，外接诸表象事物，内连法则属性，以爻象来交互联系并交通之。何为卦？卦者，挂也，从卜，乃卜筮后悬象示之，为筮所示的象与数皆成熟于卜，是诸多规律总结后已然成型的象和数，他指向了八卦象数，通过卜筮得爻象，并把爻象悬挂示之以推变化。八卦以爻象反应了阴阳在天地人三才时位下的法序特性，正是因为有此法序特性，才能以八卦比类万物象；如何比类万物象呢？诸事物在易道法则所主下的刚柔特性，遵循乾健、坤顺、震动、巽入、坎陷、离丽、艮止、兑说原理来归类；正因有此归类，以卦爻象把外象与阴阳法相统一起来，从而建立了通过卜筮得到卦爻象便能知诸外象事物的变化规律，按照变化规律的后续发展便能占验诸事物的变化过程，从而八卦的占卜系统便成熟且固定下来。

通过形成八卦三画卦的原理以及经卦与别卦建立在八卦取象比类上的内涵，直入八卦来言说性与相的真相。我们知道乾道为元、亨、利、贞四圣德遵循道生德蓄而周行不殆，在周行过程中，因五行属性的变化，产生了阴阳盈虚变化，由四圣德周行所伴随的阴阳盈虚变化程度的不同，所构成的乾道圣德自然就不完全是同一种形态，这种差别的记录与表述就是乾→兑→离→震这四部分。“乾”至阳金性，可谓无极圣态，也为太易之初，为元部。在太易之初后，五行始生成，出现阴浸阳之象，至阳有缺，为“兑”，兑为阴象冲兑阳象，其态势有庆悦之亨态，为亨部。阴象逐渐随五行的恒顺生势而聚，但阳仍为主象，故十方圆明仍为朗照，此郎照为仍见大光明之“离”象，此大光明利益十方世界，故见利，为利部；再恒顺此道生之，阴象积蓄到了一定能量，阴阳相互交战，而大动，为“震”，此震恰恰为圣化凡一切的道生德蓄过程，故显贞势，为贞部，贞部的震态，即为乾贞临界坤元，出现太极浑沦相。

以乾→兑→离→震过程描述了由阴阳盈虚变化呈现的圣态德性状态图画，也就是无极而太极之太极浑沦相过程，此为圣态。在坤元临界乾贞出亨部的震态后，此震在坤元的角度便为圣化凡的阴阳能量交战“大爆炸”，以此大爆炸出雷霆之威，现器部万物万象，此坤尘地象被阴象无明所主，迅速与乾道分离，十方圆明圣境以如如来去之速势坍塌成各种时空维次的坤尘地象，此为“巽”，为极速，为器部万象之乱。此无明因果所主的坍塌堕落之势，逐渐形成具象的时空世界，具象事物成为无明因果的象，在这些象的限制与束缚下，堕落之势一陷再陷，为“坎”。在具象坤世界中，无明因果成为坤世界的定律，无法打破，只能依因果定律轮回轮转，在轮回轮转中又徒增无明因果，循环往复，此无明形成难以翻转之“艮”势，并且以巽→坎→艮之无明因果所主的堕落与轮回之势，构成至阴“坤”世界，阴阳彻底倒转。便有了巽→坎→艮→坤过程呈现的凡圣脱离过程与无明因果所主的具象世界形成图画。

乾→兑→离→震过程，为乾道中的乾体圣德阴阳盈虚状态图；巽→坎→艮→坤过程，为坤道中无明因果状态图。又有震连接巽，以震→巽呈现圣凡逃遁图，实为无明障碍光明坍塌堕落图。

从乾→兑→离→震过程可知，震部为光明终，这个终非断灭的终结，而是大光明渐次消减过程中的阶段；巽部为无明始，这个始不是初始而是所主导，真正的初始是一个宏大时空的众因缘和合过程。以乾→兑→离→震→巽→坎→艮→坤八卦呈现的为在圣、圣化凡，在凡之状态和过程，此为先天八卦。

乾→兑→离→震→巽→坎→艮→坤的先天八卦呈现的在圣和圣化凡过程，而震→巽→离→坤→兑→乾→坎→艮过程的后天八卦便是在凡与凡转圣的内容和过程。《说卦传》曰：“帝出乎震，齐乎巽，相见乎离，致役乎坤，说言乎兑，战乎乾，劳乎坎，成言乎艮。”是从圣化凡的震部说起，对比乾→兑→离→震的先天圣德动态来说，“帝出乎震”呈现圣化凡后的凡态之描述。

“帝出乎震”为坤元临界乾贞，阴阳交战到了临界点，以因缘和合而圣化凡，呈现阴阳因战而“震”，此时万象具出，一切法度法则的因果皆已在乾道圣德周行时而成，即为坤世界至高真理准则，象征为“帝”。此震为先天之雷霆，出先天梵音，此音听之不闻，但现在仍充斥在宇宙苍穹中。此震将十方圆明的圆满全时空以爆炸粉碎的方式，依无明因果力的总摄，成为坤尘地象的各种具象空间，并形成与空间相匹配的相对时间，这些相对空间与时间均为无明业力所主，所以万有引力的根本真相就是无明业力，其无明业力总摄因缘和合汇聚形成的具象的坤尘地象，构成宇宙中大大小小的恒星、行星，还有无法眼见的暗物质等。这种全时空粉碎并分崩离析的状态就是“巽”，齐乎巽，由于“震”为先天与后天的临界点，故为先天状态的如如来去速度，此速是极速，远非光速可比，而“光”速为十方圆明圣态的基本速度单元，以此先天如如来去速度各自以业力聚合，叫方以类聚，物以群分。方则是坤尘地象显象具体的空间与时间的束缚，是相对比十方圆明的圆来说的。此时的齐乎巽般的坤尘地象方以类聚，物以群分，在形成的过程中，还有其乾体的大光明，还能相见乎“离”，这种离态，随着方以类聚，物以群分坤尘地象具象世界时空的形成，而视之不见，乾性光明被障碍被遮挡。随着具象时空的类聚与群分，一切依无明因果尘埃落定，便来到了至阴的“坤”世界，此至坤世界依无明因果所主，万般不离其业识因缘，轮转变现如业识之奴役，故“致役乎坤”，一切被无明业力所劳役，无明因果成为坤世界的规则与法度，而成在凡定律，一切围着它因果轮转，并现相对时间的迟缓与先后的后果现象，呈现前因。从震→巽→离→坤为圣化凡至在凡态的程式过程所呈现的各种状态。

在至坤无明所主的世界依其因果而无量轮转，一切依坤体用德性而运转坤世界，连同先天因果，随无明因果所主不见大道真性，但大道真性处处在在总摄，先天之性不生不灭，故自有见性开悟者而证大道者，谓圣人；圣人观民设教，故言乎兑。此观民设教之教化众生，精髓为直指人心以开悟见性为宗要，剖析其无明体坤与光明性乾之凶与吉，利与害，直指乾性，且指向修真证悟其乾性，返回先天太极丹态，故有战乎乾。在开悟见性修真证道过程中，无明甚深，要打破无量无明，必劳乎坎，以其炼坎之劳立苦修之志，在无明的“坎”陷里，修其“坎”阴而达乾阳，这也是为何坎卦能出明心见性维心君子的原因，以内证龙德，经过坎之次第而达乾阳。以此劳乎坎的内证修真，自有其艮势脱坤阴无明而出，谓之成，此成之艮势必脱坤世界无明因果所束，超然际出于无明因果所主之界，而出坤尘地象之三界，故成言乎艮。这便是兑→乾→坎→艮呈现的在凡至凡转圣的内证修真态，也是内证过程超凡入圣的描述。

从震→巽→离→坤呈现的圣化凡到在凡时空过程，以及兑→乾→坎→艮呈现的在凡到凡转圣时空过程，以坤到兑连接，呈现圣人悟道证道模式图以及教化众生说教图，便有坤→兑的时空转换，打破在凡态无明因果所主便有凡转圣之程式过程。

“震→巽→离→坤→兑→乾→坎→艮”的后天八卦为圣化凡、在凡、凡转圣的程式过程。后天八卦中在坤→兑时空转换进入内证修证体系时，其时空又是不一样的，在这个层次下，又有功态领域的后天八卦格局，从内证真炁际出，而入八卦时空内景。

联系“乾→兑→离→震→巽→坎→艮→坤”先天八卦呈现的在圣和圣化凡程式过程，与“震→巽→离→坤→兑→乾→坎→艮”

的后天八卦呈现的圣化凡和在凡与凡转圣的程式过程，便有了在圣、圣化凡、在凡、凡转圣的周易易周完整程式，所以先天八卦与后天八卦必然圆融一体。从大道本来五具足来说，必然要圆融成体。有了体，什么是用呢？六十四卦与三百八十四爻为用，且以此全息交易万物，周易八卦（先天八卦与后天八卦之总和）便适用于任何至微至彰的万物，至微以至彰显、至彰以至微达所体现的万物至微至彰全时空显达性。

在大道真性的总摄与总持下，八卦是性体圆融合相的呈现，以至微至彰全时空显达性，大而无外、小而无内，无边界无内核，无时间无空间，而过去、现在、未来的一切时空里的所有变量，都本来如是的显现。在周易易周程式过程中，自然就有了“周易”与“八卦”的根本真相，先天八卦为圣化凡先天光明堕落动态图，后天八卦为凡转圣后天无明飞升动态图。以其阴阳刚柔盈虚性质呈现八卦真机，阴阳刚柔盈虚性质便由易道贯穿在周易易周程式中。先天与后天的连接均是宏大时空变化，且“周”与“易”也自然呈现，“周”，大道德性圆满无为、周行道生之，体与性圆周合相；“易”，大道真性总摄，以易道贯穿体性具足的一切而周行不殆，主万变不离其宗。

从先天八卦与后天八卦所共同呈现的在圣、圣化凡、在凡、凡转圣的周易易周程式中，八经卦为时空转换奇点，六十四别卦为呈现出来的时空体世界，三百八十四爻为在时空体世界中具象时空的投影象，爻与爻的变化便是以阴阳盈虚过程，叙述由性到相再到显象的原理，同时又连接先天与后天呈现交易相互之关系。先天与后天之连接有两个关键的时空转换枢纽或通道，一个为圣化凡中的先天堕落到后天的通道，为黑洞堕落的“否”世界通道；另一个为凡转圣的超凡入圣的通道，为白洞升华的“泰”世界通道。否堕泰升所呈现的便是能量转化原理，“否”世界与“泰”世界既是能量通道，同时又是时空奇点。“否”世界为堕落坍塌通道，坍塌后依无明业力因缘所主形成具象坤尘地象，构成方以类聚，物以群分的纷繁三维世界。“泰”世界为至阴坤地无明所主的在凡，内证阳德，在此世界精气神阳性升华，以其阳性能量的蓄积不断温养色身，以色身全息宇宙无明所在，打破无明而升华。

从“源”到“源流”生化转换的体世界来说，以“乾→姤→遯→否→观→剥→坤”承载的周乾而易坤的执妄迷失图。周乾易坤执妄迷失图从宏观的阴阳盈虚变化关联来说，皆以藏相动能义呈现整体右旋堕落的形态，从“乾→姤→遯→否→观→剥→坤”的过程，在位域上为不断的下降，在生化动能下的能量体为不断的消耗、减弱，在精神相域与物质形态来说为不断地沉淀，不断地凝聚，乃至以色法形成具象的体型物质和世界。

在周乾易坤的执妄迷失图里以“否”卦所在的否世界为分界，构成了两个阶段的三阶四象结构，为“乾→姤→遯→否”的三阶四象过程与“否→观→剥→坤”的三阶四象过程。其中“乾”为大一元道元的“源”，除此根本形态的破位域源起外，均在位域升降的范畴。以否世界来划分的执妄迷失过程，就是找到了精神相域形态和一个物质形态的分界界域。“乾→姤→遯→否”的三阶四象过程为精神相域唯识变现并现行的实质，但尚无色法质碍的物质世界的形迹，而“否→观→剥→坤”的三阶四象过程为物质逐渐被沉淀、凝聚形成，且位域升降越来越低直到三维的物质世界。精神相域的唯识过程与物质的色法质碍过程有一个明显的分界界域,或者叫流变转换界域,它就是否世界所在的结构——“黑洞”。周乾易坤的执妄迷失过程中,以阴主大时且阴来阳消,阴主暗，随阴势长而暗大明小，故而否世界的直观形态对比十方圆明朗照来说为“黑”，“洞”在于堕落右旋呈旋涡状之洞状。高位域高动能态的精神相域世界从这里坍塌、堕落、沉淀，通过否世界并进行转换，形成低位域低动能态的物质域世界。如果把否世界黑洞比喻为界域之门的话，那么遵循色法物质域世界均在黑洞位域与动能态之内，且从“否→观→剥→坤”的体世界形态无一例外。

否世界黑洞不仅是界域之门，是位域下降和动能消耗减弱的通道，更是具足了生命形态的否卦体世界，它本身也是大彰视野下的体世界的一类，由于它介于精神相域和物质域形态转换与流变的分界形态上，故在精神相域和物质域两种截然不同的形态上成为界域。“黑洞”状的否世界作为高位域高动能态的世界从这里坍塌、堕落、沉淀的形态，在易学里称“否”，“大往小来”是对它进行位域下降和动能减弱的最佳描述，高位域高动能态的世界和否世界发生关联而“大往”，在经过否世界黑洞后，宇宙与生命的形态转换为色法物质域，不仅位域下降动能消耗减弱，而且色法质碍开始显现，并且在进行位域升降和动能高低的流变转换过程中，按色法沉淀与消耗聚成核的为堕入低位域态，堕落沉淀凝聚时一定会发生能量体的跃迁或逃逸，这个能量体的跃迁和逃逸就是“小来”形态与过程的描述。大往小来的整体动态就讲述了否世界黑洞流变转换通道与体世界形成的过程。

为什么会发生位域下降和动能消耗呢？那是因为无明沾染产生的无明阴妄作用力——无明力，无明力是遵照唯识变现现行牵引，呈现大彰视野上为超越动态整体右旋，以其右旋堕落的形态，在位域升降上呈现位域下降，在能量体上呈现能量体减弱，动能形态也因具相虚义的精神相域不断向物质域流变转换而减缓，随着位域升降和动能的消耗与减弱，就呈现了体世界的变化，故有从“乾→姤→遯→否→观→剥→坤”的执妄迷失过程，以及在此过程中的两个阶段的三阶四象结构，并形成了以否世界作为精神相域与物质域的分界。

以无明力牵引并建立在位域升降和生化动能的流变转换上的周乾易坤执妄迷失图，不仅以“乾→姤→遯→否→观→剥→坤”的阴阳盈虚变化承载了精气神界域流变过程，而且还以否世界为分界呈现了两个阶段的三阶四象结构，还呈现了唯识所在的精神相域形成物质域物质的动态过程与原理。从乾知大始、坤作成物，柔道牵“乾”，迷失道“坤”，以周乾易坤的执妄迷失图，呈现乾元光明世界如何堕落到坤元无明世界，且在此过程中发生了物质的形成过程，为唯识变现种子现行在生化动能作用而右旋堕落，依否世界黑洞机理，有了我们最熟知的物质世界。坤世界以“坤”和“地”的特性呈现物质形成的因缘机理，形成“物”的每一丝一毫因缘皆以道生之气数原理贯穿。这是一条由无明力牵引堕落的程式，在显著的否世界黑洞界域之门的形态里，无明力作用右旋堕落形成物质，同时以负阴阳平衡机理下会出现高能量体跃迁和逃逸的左旋升华状态，这只是周乾易坤执妄迷失图堕落过程中负阴阳平衡机理，与周乾而易坤执妄迷失图堕落形成完全相反的双质纠缠程式,就是易坤周乾的“坤→复→临→泰→大壮→夬→乾”正阳进德贯穿的正坤返乾修真图，为光明力牵引的升华程式。

易坤周乾的光明力牵引升华程式要立足于人的内证体系，也就是证德图的修证程式，从“坤→复→临→泰→大壮→夬→乾”的正阳进德过程，为位域逐渐的上升，在藏相动能义的动能形态为立足于人体运化精气转换为内证精气，从而有内证精气能量体强度不断的积累、存储，而且结合生理体征不断的升位域乃至从物质域的物质运化形态，以跃迁飞升的方式通过泰世界进入内证内景，从而摆脱物质的凝聚沉淀以及物质层面的牵引束缚，并转化种子在现行并变现过程中的诸因缘，转识成智，打破无明，入大光明境。

同执妄迷失图里以“否”卦所在的否世界为分界一样，在正坤返乾修真图里以“泰”卦所在的泰世界为分界，构成两个阶段的三阶四象结构，为“坤→复→临→泰”三阶四象过程与“泰→大壮→夬→乾”的三阶四象过程。以“泰”卦所在的泰世界为分界就构成了“白洞”形态；正坤返乾过程中，以阳主大时且阳来阴息，阳主明，随阳势壮盛而明大暗小，故而泰世界的直观形态对比无明暗世界来说为“白”，““洞”在于堕落右旋呈旋涡状之洞状。它是低位域低动能态的物质域世界从这里进行能量体的运化存储、蓄积，并改变运化精气态为内证精气态，通过不断的位域与动能的上升，逐步改变、摆脱、打破物质的凝聚沉淀以及物质层面的牵引束缚，也改变了唯识法则而有转识成智之实质，以物质域升华进入精神相域，这种进入有两种形态，一种是摆脱物质形态后通过泰世界升华间接改变，另一种为立于“人身长大独善其身”肉身与精神相域的唯识层面并存，依转识成智内证圆满后究竟涅槃飞升。一个为外景泰世界，另一个为内景，两者结合则有内外景合一的泰境功态。

泰世界不仅是界域之门，是位域上升动能蓄积并获得续动能的通道，更是具足了生命形态的泰体世界和内证“泰”内景，和否世界黑洞刚好相反，白洞是升华生命以及升华位域与动能的界域。“小往大来”就是对泰“升华”的最佳描述，它是以凝神入静并摄受意念的“小往”，而有内证精气转换并连接先天呈现内景的“大来”，从而能收受并转化先天能量，成为改变肉身以及摄受意识的动能。精气神以什么样方式天人离一的，就通过内景产生真正的天人合一，从而降服唯识因缘的牵引并转化成智慧能量体，步入高智慧的精神域。

生命形态的黑洞，承载着“素”形态的流变生化——三次天人离一过程的精气神界域流变过程。生命形态的白洞，承载着“素”

形态的转化升华——三次天人合一过程的精气神界域升华过程。以此就把生命的形态统一在天人离一的生化形成过程与天人合一的升华转化过程中。

在精气神界域流变的三次天人离一移精变气过程中，其运相、藏象、命象阶段的生化动能与形成人体后的运化动能，两者共同构成移精变气动能。人体运化动能也为生化动能的一种形态和内容，又因为人统乾坤于一身，人体的藏象生命系统和生理生命系统，又与天地产生着天人合一全息元象的大运相交互联系，既让藏象生命系统以统御和主导地位运转生理生命系统，又在两者之间形成了独特的五运六气、精气经络、营卫气血等动能运转系统，使其两套系统能有机统一，从而赋予生命在唯识层面呈现现量的巨大意义，也成为象由性显的道法自然之大象。

从八卦演说象由性显之至德，必然要建立象法性程式，尤其是深入象思维，再走向象系统，使卦象把外象（兆象）与阴阳法相统一起来，从而深入到九易法则与本体德性上来。象，出于自然，因取象定理而入法则与本性的藏相之渊，言象之宗应明性之本，故取象演法与取象定理都要围绕法序和本性，从诸方法系统洞开法则与法序正理，故而学易终要抛开世俗术用，去开德性大明，而见象见性。阴阳与四象生成过程，便呈现了本体到法相的生化原理，再经过类八卦而取类比象，建立了从本体到外象（万物）的联系路径，取外象入法则而体证，从而回归体性本体，便是至德的显化。

在六十四卦所系文辞中，又蕴含了丰富的万物之象，或取象，或立象，或借象等，既通过所系文辞言取象用象之理，又通象数背后的法则原理，使其能洞悉取象原理来明易道法则。圣人“近取诸身，远取诸物”以俯仰之察，观物成象，立象取义，使卦爻以“象”成，由象入，又由象出，由象传，又由象承。总之，以“象”全圣人“以通神明之德,以类万物之情”的作易之道,尽以卦爻呈现，他卦亦法如是。

取象、用象、释象的由象生理之过程，正是六十四卦爻的取象定理之过程，和八卦取象原理不同，六十卦爻的取象多以六爻在不同时位下的刚柔变化而组合成像，取象的目的是用象来言卦爻的时位关系，故而六十四卦爻可有多种不同的取象原理，可据现有的十翼文辞系统取象用象，也可不据，至于用什么样的象思维进入卦爻，并没有定论。六爻整体取象后，再以卦立象，如鼎卦以六爻的时位关系象鼎，故而卦之整体立鼎象，当取鼎象再以卦之全体立鼎象后，六爻再次紧密结合鼎象分位言象之局部，此为六爻不舍全卦之象的六爻合象，很多卦之全体立象后，六爻不据所立之象而单独言之，此为六爻舍象。

六爻合象，多借象言法则，如履卦借“履虎尾”言“位”的原理，又以位来言“礼”之所出，而位与礼皆是自然法则，自然礼序；如鼎卦借鼎象言大器大用，既用鼎的养贤功能，又用鼎的象征意义而致远，把鼎象推向“五位一体之使命”的使命法则。六爻舍象，多借象言理，如未济卦立狐象，而爻象多离狐象言其他未济之理，尤其是以小见大的未济之艰难，狐濡其尾乃日常不多见之小事，而九四的“震用伐鬼方”以及六五的“君子之光”乃国之大事，如果不用此种以小见大的六爻舍象之用象法，诸多叙述还停留在狐象和狐事的话，则不能概卦之大立意。从六十四卦象系统而言，每卦皆有不同的取象思维和立象角度，尤其是用象述卦义，再系文辞表达卦爻义，使象、数、理循序渐进，逐步展开，从而形成完整的象数理内容系统。

解象与用象，既有“舟楫”之利，又有“豚鱼”之祸。在中孚卦，取先天八卦与后天八卦的坎兑同宫，坎为猪，兑亦为猪，取豚之猪象，泽水在下，泽之金生水，泽水相生又生木精，风行之而感于水中，感于水中为鱼，故取鱼象。从“豚鱼”之由来，可知身边万物皆可类“豚鱼”。“豚鱼”之用，在于至信可感“豚鱼”，只是取木作舟，又以舟之用虚而达实意；舟之用虚便是取象而立意后，其舟之用已完成，用虚反而更利致远。之所以言舟楫，在于震为乘、主虚，巽为木、为舟，兑为泽，木在泽上，外实内虚，而成乘木虚舟之象，内虚可载人，外刚则浮于水，以刚柔相济，而乘舟利涉大川。中孚立“豚鱼”，萃与涣皆立宗庙，故以庙尊贵区别于“豚鱼”之隐微，在于示礼之品格，宗庙多用在祭祀、册命、重大礼仪、议政、卜筮等国家仪礼上，以礼之庄严象征国家的崇高。其宗庙与“豚鱼”皆是借用之器物，宗庙高大上，“豚鱼”隐微低，在术用上也形成了重用与简用之别，宗庙多用在国家仪礼上，以国器有用之重，“豚鱼”比宗庙以微而常见而有用之宽广。宗庙与“豚鱼”皆能通诚取信，亦是涣卦与中孚卦皆言“乘木”之所在，中孚卦以“乘木舟虚”将“豚鱼”致用，涣卦以“乘木有功”将宗庙致用，皆是通诚立信而达孚信的借用之物。宗庙与“豚鱼”之用，皆是“乘木”之象，从“豚鱼”之由来，可知身边万物皆可类“豚鱼”，至于如何取象以及取什么象，只是取木作舟，又以舟之用虚而达实意，所谓“至信可感豚鱼”，只要建立示诚之仪礼，致诚之通道，专而诚之敬意，便能随时随地感诚，故以此“乘木舟虚”之利虚实相济，君子便掌握了致远之利器，见象而见性，这和禅宗的精神与原理完全相同。

解象与用象，既有“舟楫”之利，又有虚假解象与用象的“豚鱼”之祸。在兑卦行讲习之教，教导明夷暗众群体学习以专诚驱动获取孚信的过程，必然要举“豚鱼”之器，“豚鱼”隐微低，有用之简便，与宗庙皆是致感应的借用之物不同，由于暗众不能理解宗庙重器之大用，故以“豚鱼”之简祭教之，目的在于以专诚之用而得至信可感“豚鱼”。关于“豚鱼”之用，暗众群体明白了个大致意思，欣然领受，悦然而散，这便是“说而后散之”之过程。其实“乘木舟虚”之用，堪比禅宗顿悟之境界，连一般明君子都无法乘舟致远，何况明夷的暗众群体，“豚鱼”之行简，越用简越难，要以见象到破象再到入法序之功，穿越物象之屏障，以取象比类的法序联系而达专诚之本质，这个过程完全是明心见性的感通过程，昏蒙无比的暗众群体怎么可能从“豚鱼”之教而领悟乘木舟虚之功？故而这种欣然领受并悦然而散，便是“说而后散之”之患，为“豚鱼”之祸埋下了致涣散的祸患。从暗众群体离开讲习所便开始发酵，自以为掌握了简物致通、致远的“豚鱼”虚舟之利。这群愚昧暗众，开始从中孚体与大涣体大行其“豚鱼”之用，他们不以专诚为目的，却以“乘木舟虚”之虚妄，望文生义，借兴风而作浪，以此在涣体以风行水上刮起“豚鱼”之祸风，致涣散之祸“风”便是从这样刮起来的。

取象用象本有舟楫之利，却最终带来了“豚鱼”之祸，故而由“豚鱼”之祸所受的启示便是解象虽简却至难。从取象、用象、释象的由象生理之过程可知，象并非只凭一个表面现象来探究根源和本原，也非一个浮于表面的道理可以尽释其义，如果不知取象原理，不明用象大义，便无从释象，更无法探知卦爻更深的法则，也无法解析易道真谛，更无从言见性。

如何利用好取象并用象的舟楫之利呢？其要点在于治明，以健明德为根基，以称位身君子之质，立足于离灾难、明法序、化无明、转内识、同归德的明德五位，向明君子进发，从而明心见性，使其以内明炼外明而内外皆洞明，才能知象解象，在明德未具时，切忌少用“口头禅”来示“小聪明”。

# 后记

从本书立“小大乘并重且内圣外王并举”之特点可以看出，德学以健全的外身内证德体系，把我之前作品精华得以汇集，且以全新的“十德”统纳之，使其处处不离德性，时时不离法则，将德学的宗性之旨贯穿在本体、道性、法序、经世、证悟五位一体的德义原理中。

谈到德学体系的汇集，我们不妨来梳理一下前几部书为本书作出的铺垫。在《天真》一书提出了藏象生命系统和立足藏象生命而内证性命，尤其是“周易易周”概念的提出以及围绕周易易周建立执妄迷失过程到正坤返乾过程，成为本书言志明双用证内圣的组成部分，且本书正式确立了“周易易周程式”，以及由执妄迷失过程到正坤返乾过程贯穿的十二体，亦是周易易周十二体，并将本体认识系统、法则原理系统，内容方法系统等均归入周易易周程式，从而得体性相用同体同载且“道→法→术→用→证”法性贯通。由此可以看出自《天真》起就立意高远，且架构宏大。

确道体德性本体之思想在《道统》一书中提出，除此以外还在《道统》一书提出了九易法则，且梳理出了法性贯通的玄德、圣德、用德、证德之德性四体，给出了外身内德证体系与证德图的路线。正式把德性贯通到形上道与形下器生化源流和流变关联的是《藏相论》一书，不仅如此，还从形上道乾藏界与形下器坤形界构建了道母器程式下的藏相系统，且在藏相系统中研究藏象生命系统，使其在《天真》一书中描绘的藏象生命系统得到完善和充实，并从精气神流变的天人离一过程来解读天人合一理论，使其形成天人如何分离的认知，又得到怎么去合一的方法，以此形成精气神生命本根认识论。

有了精气神生命本根认识论，《养正》一书从站桩静坐到藏象平衡研究精气养生，围绕正德升阳与阳气循经言内证实践，将内证“原材料”神与气精以及内炼“炉鼎”黄庭三宫与内外丹田和盘托出，且从经络维度与精气灌注认识先天之源，从而接续《藏相论》从唯识言说生命内在与外在之生灭过程，并围绕六识传导与返熏解读精气神源流变。

内证精气神亦是治身之德政，是从《德位论》和《德学宗义》共同确立性命双证的小乘并大乘属性——从大乘思想言外身内之德治。在《德位论》一书提出了体时位贯穿德位法则，与九易法则共同形成两套法则系统，同样作为法则系统，两者之别就在于德位法则从体时位方法原理讲方法系统，九易法则从体性原理讲道法系统，两者紧密结合，既有法则原理的认识论，又有分析问题和解决问题的方法论。

《德学宗义》正式构建“德”系统，并初具十德之模型，直到本书形成以十德系统承载内圣并外王小大乘之实践路径，让德学形成一套系统性的哲学理论，尤其是健全了“七位定程式、八体立德位、九易述法则、十德全内外”之德学内容体系。

历时十年，从《天真》汇同《道统》《藏相论》《道医论》《养正》《德位论》《德学宗义》等书，直到本书完成，虽极其艰涩且艰难，但终有幸在本书脱胎换骨。在这几本书中，《天真》如同屯卦描述的草昧荒野，从荒野而来，文字和论述充满了童蒙与稚嫩；尽管如此，从如今成型的德学体可以看出，它从面世之初便窥见了须弥山峰，而《道统》《藏相论》《德位论》皆是阶梯，既是内容递进并进发须弥山峰的阶梯，更是自我成长的阶梯。《道统》

扎根本体与本性，如同撑开了混沌的天地，使其脚扎本体而能立足，手触本性而不叛道。《藏相论》则夯实了极难表述且看似很空的天地人三才内容，使德学这个“人”有了骨架与血肉。而《德学宗义》如同首脑，以统领之意识汇聚前几部精华，然后将气血灌溉到四肢百骸，使德学的灵与肉得以丰盈，又引易为媒来述道演性，借助六十四卦全内容打开不一样的时空，直到本书化十德之清风出世，字字联系过往，又是句句既定着未来。

敬文东曾说从《天真》窥见了作者所谓的文化上的“野心”，敬文东所说的“野心”，无非是找到能将各家各表贯通并融汇一体的载体，顺延中华几千年来无数先哲前辈的探索的印迹，《德学宗义》与本书给出了“德”系统的答卷，从本体、道性、法序、经世、证悟五位一体之本性来构建的“德”系统，把统纪诸家（易、释、道、儒、医）归德，总御群方宗性落到了实处。

引用中国言实出版社原副总编冯章先生在《德学宗义》学术研讨会上的发言来结束此篇《后记》，并以此向冯章先生、诸位编辑，以及一直以来关心和支持的友人们致敬和致谢。他言道：“王爱品以匹夫有责之精神，怀抱人人可为圣人的梦想，虽不在庙堂之上，却从田间款款走来，以内圣外王之修为，更以舍我其谁之气魄，立德学来定乾坤，何其伟哉！”

# 附录：王爱品其他书籍推介

## 集《周易》大成又开创德学的典范之作

## 《德学宗义》

**全四册◎十卷◎精装◎典藏版**

华龄出版社；2023 年 3 月 —北京

ISBN：978-7-5169-2389-4

定价：1199.00 元；总页码：1600 页

本书立“德”为旨，以《正德性》《正乾坤》《正君子》《化天下》四册为结构，集（本体卷、命体卷、法序卷、序德卷、志德卷、身德卷、明德卷、感德卷、养德卷、化德卷）十卷之力，从“德”在本体、道性、法序、经世、证悟五位一体的本原性原理来构建“德”系统，以健全的外、身、内证德体系，立德位治则，载德学思想，既立德学解易（从道之体全德之性、从象之宗溯理之源、从法之序正易之用），又统纪诸家归德并总御群方宗性；既有小乘身德之成，又有大乘位德之全，更有大小乘贯通的性命双证之道，实乃集周易大成又开创德学的典范之作。

王爱品德学释经典系列之

# 《德学释周易七十五讲》

华龄出版社；2025 年 4 月

ISBN：978-7-5169-2952-0

定价：168.00 元

本书以讲义的形式，从体时位方法系统入德位法则来释易，立德学释《周易》七十五讲。本书围绕德性（十德系统）提出宗性说，形成了从道之体全德之性、从象之宗溯理之源、从法之序正易之用为特点的宗性易学流派。

全书上卷以“从象数理归德位、从全大体言治理、从演法则定程式”为结构，从明易道法则和据法则言治理两大体系来解读《周易》达至理入大乘之思想；下卷以解读卦爻德学精义为重点，从“德”在本体、道性、法序、经世、证悟五位一体的本原性原理来解卦、爻之象数原理，并阐发德学义理。宗性易学，从小乘身德之成到大乘位德之全，再到大小乘贯通的性命双证之道，处处不离德性，爻爻不离法则。又以易会通释、道、儒、医诸家，形成了统纪诸家归德并总御群方宗性的显著特征。